Ausgezeichnet mit dem **Prix Prato Traudi** des Grazer Kinderbuchbüros (2017)

Heidi Strobl wuchs als Wirtshauskind mit Weinbauernvorfahren auf, Landwirtschaft und Kulinarik prägen ihr Leben. Die Mutter eines Sohnes schreibt seit 2005 wöchentlich für das freizeit Magazin des Kurier über Essen & Trinken, sie lebt in Wien und im Weinviertel, wo sie Versuchsfelder bestellt und Hühner hält.

Birgitta Heiskel studierte an der Hochschule für Bildende Künste in Braunschweig und ist seit 1990 freischaffende Illustratorin für Buch- und Zeitschriftenverlage. Für ihre Werke wurde sie bereits mehrfach ausgezeichnet (u. a. mit dem Österreichischen Kinder- und Jugendbuchpreis).

freizeit
KURIER

Lillis kinderLEICHT Rezepte
erscheinen regelmäßig samstags
im KURIER *freizeit*

3. Auflage 2021

Umschlagbild: Birgitta Heiskel, Wien
Grafische Gestaltung und Satz: Gabrielle Wagner, Wien
Schrift: Helvetica
Druck und Bindung: FINIDR, Tschechien
ISBN 978-3-7022-3564-2
E-Mail: buchverlag@tyrolia.at
Internet: www.tyrolia-verlag.at
Social Media: Tyrolia Verlag Kinderbuch

FSC www.fsc.org MIX Papier aus verantwortungsvollen Quellen FSC® C014138

Wir danken Ja!Natürlich für die freundliche Unterstützung.

Heidi Strobl | Birgitta Heiskel

Lilli kocht

Ein Jahreszeitenkochbuch
für Kinder

Tyrolia-Verlag • Innsbruck–Wien

Hallo liebe Leserinnen und Leser,

ich bin die Lilli, bin 12 Jahre alt und lebe in einem kleinen Dorf in der Nähe von Wien. Ich koche, seitdem ich mich erinnern kann. Wie ich das gelernt habe? Einfach beim Zuschauen und Ausprobieren. Meine Mama und mein Papa kochen nämlich auch sehr gerne. Sie lassen mich Vieles auch ganz alleine machen. Einiges ist schon schiefgegangen, aber sie haben nie ein Drama daraus gemacht. Manchmal mischt sich mein kleiner Bruder Pauli ein – das kann ganz schön lästig sein, ab und zu ist es aber auch richtig lustig.

Rund um unser Haus haben wir einen Garten, dort wächst alles Mögliche, das gut schmeckt. Viele Kräuter zum Beispiel, zu denen meine Mama Unkraut sagt. Sie hat aber glücklicherweise nicht genug Zeit, sie alle auszureißen, und so bleiben sie mir. Ich mache Spinat aus Brennnesseln und Salat aus Löwenzahn, oder ich mixe die frischen Kräuter zu grünen Smoothies. Im Frühling ist unser Garten auch voller Erdbeeren. Sie wachsen überall. Wenn sie der Pauli oder die Schnecken nicht vor mir erwischen, pflücke ich sie und mache Süßigkeiten daraus. Da kommen meine Freundinnen extra angeradelt, um sie zu kosten.

Meine Lieblingsspeise sind die Topfennockerln von Seite 125. Ich kann fünf davon auf einmal essen, aber der Laurenz, das ist ein Freund von mir, der hat zum Abendessen schon einmal elf Nockerln geschafft. Aber er isst ja auch kein Kompott dazu. Ich hingegen liebe frisches, warmes Apfelkompott. Schon allein deswegen, weil es so gut nach Zimt und Gewürznelken duftet.

Fleisch koche ich nur ab und zu. Das ist aber auch gar nicht so schwierig. Ein ganzes Hendl zum Beispiel schiebe ich einfach ins Backrohr, übergieße es ab und zu mit Saft und warte eine Weile, dann ist es auch schon fertig. Man muss nur aufpassen, dass man sich nicht die Finger verbrennt. Letztens habe ich sogar eine ganze frische Forelle gebraten. Die war supergut, die Haut ganz knusprig und würzig.

Vielleicht kennt ihr mich ja aus der Zeitung, in der ich ziemlich regelmäßig jeden Samstag ein Rezept vorstelle. Die Zeitung heißt Kurier und der Teil, in dem meine Rezepte erscheinen, ist ein buntes Heft namens „freizeit“. Wenn ich groß bin, möchte ich Gärtnerin werden, damit ich richtig gutes Gemüse zum Experimentieren in meiner Küche habe.

Viel Spaß beim Kochen wünscht Euch
Eure

Lilli

Wieder mal alles „Kraut
Wir finden das super!

Wer kochen gelernt hat, kann aus einfachen Zutaten Tolles zaubern.

Wer weiß, welche Lebensmittel wann bei uns reif sind, kann sie dann kaufen, wenn sie am besten schmecken.

Wer aus einfachen Zutaten Tolles zaubern kann, braucht keine vorgefertigten Produkte zu kaufen.

Wer keine vorgefertigten Produkte kauft, weiß was er isst und kann sich gesund ernähren.

Wer sich gesund ernährt, fühlt sich wohler.

und Rüben" bei dir?

Wer Lebensmittel dann kauft, wenn sie am besten schmecken, spart Transport und Verpackung und vermeidet Müll.

Das ist gut für unsere Umwelt. Und für uns.

Inhaltsverzeichnis

Überall, wo du eine siehst, wird es im Rezept etwas knifflig. Lass dir dabei am besten von einer erwachsenen Person helfen.

Frü

hling

Was ist ein Keimgefäß?

Ein Keimgefäß ist eine Art Dose aus Plastik oder Glas mit einem Schraubverschluss, der wie ein Sieb aussieht. Mit Gaze oder Mull als Deckel kannst du dir so ein Gefäß leicht selbst basteln. Du kannst es aber auch im Reformhaus kaufen.

Sprossen ziehen | Ab 6 Jahren

1. Gib die Samen in ein Sieb und wasche sie. Schütte sie dann in das Keimgefäß, bedecke sie mit kaltem Wasser und lass sie über Nacht stehen.

2. Gieße das alte Wasser ab. Schwemme die Samen (gieße neues Wasser dazu, wasche damit die Samen, gieße das Wasser ab). Stelle das Gefäß an einen hellen Platz, aber nicht in die pralle Sonne.

3. Schwemme die Samen täglich zweimal. Schon nach einem Tag bilden sich kleine Wurzeln.

4. Nach 3–4 Tagen kannst du die ersten fertigen Sprossen aus dem Gefäß zupfen. Toll schmecken sie im Salat oder auf einem Butterbrot.

Zutaten:
3 EL Sprossensaatgut aus dem Reformhaus (Mungbohnen, Kresse ...)

Du brauchst:
Keimgefäß, Sieb, 4–5 Tage

Wiesenbrötchen

Ab 7 Jahren

1. Halbiere die Avocado und entferne ihren Kern. Löffle das Fruchtfleisch heraus, gib es in eine Schüssel und zerdrücke es mit einer Gabel. Würze mit Zitronensaft und etwas Salz und verrühre die Zutaten gut miteinander.

2. Schneide den Schnittlauch in kleine Röllchen (entweder mit einem Messer auf einem Brett oder mit einer Schere).

3. Bestreiche einige der Brotscheiben mit weicher Butter und tauche sie mit der Butterseite in den geschnittenen Schnittlauch. Streiche auf die anderen Brotscheiben den Avocado-Aufstrich.

4. Schneide die Brote in gleichmäßige Streifen, lege sie auf einen Teller und garniere sie mit ein paar Blüten.

Zutaten:
1 reife Avocado,
Saft von 1 Zitrone,
1 Bund Schnittlauch,
ein paar Scheiben Schwarzbrot,
Butter,
Salz,
essbare Blüten (Veilchen, Gänseblümchen, Primeln)

Du brauchst:
Schüssel,
15 Minuten

Woran erkenne ich, ob eine Avocado reif ist?

Das erkennst du daran, dass sie eine noch feste Schale hat, die auf Druck etwas nachgibt. Hat sie bereits ganz weiche Druckstellen, verwende sie lieber nicht – dann ist sie überreif.

Frühlingssalat | Ab 7 Jahren

1. Wasche den grünen Salat. Pflücke dazu Blatt für Blatt ab, reiße sie in mundgerechte Stücke, wasche sie 2–3 Mal und lass sie gut abtropfen.

2. Wasche die Kräuter und tupfe sie behutsam trocken.

3. Verrühre Essig, Öl, Senf, Ahornsirup und eine Prise Salz mit dem Schneebesen zu einer cremigen Marinade.

4. Vermische die Blätter mit der Marinade und garniere den Salat mit den Blüten. Wenn du willst, kannst du Radieschen, ein gekochtes Ei, Frischkäse oder auch Erdbeeren dazugeben.

Zutaten:
1 kleines Häuptel grüner Salat,
3 EL Apfelessig,
3 EL Sonnenblumenöl,
½ TL Estragonsenf,
Salz,
1 TL Ahornsirup,
frische Kräuter,
essbare Blüten

Du brauchst:
Schüssel, Sieb,
Schneebesen,
15 Minuten

Welche Kräuter und Blüten kann ich dafür verwenden?

Zu diesem Salat passt vieles, was zu Beginn des Frühlings zu sprießen beginnt: Bärlauch, Vogelmiere, Löwenzahn, Kerbel, Schafgarbe, Sauerampfer oder Brennnesseln. Von den Blüten schmecken Veilchen, Gänseblümchen und Primeln gut dazu.

Woran erkenne ich Bärlauch?

Die hellgrünen Blätter des Bärlauchs sind die ersten, die im Frühling aus dem Waldboden sprießen. Ihre Oberseite ist glatt, die Unterseite matt. Außerdem riecht Bärlauch intensiv nach Knoblauch.

Bärlauch-Aufstrich

Ab 8 Jahren

1. Wasche den Bärlauch, tupfe ihn trocken und schneide ihn in möglichst feine Streifen.

2. Vermische den Topfen mit dem Sauerrahm, gib eine Prise Salz, eine Prise Zucker, ein paar Tropfen Zitronensaft und etwas frisch gemahlenen Pfeffer dazu.

3. Rühre drei Viertel vom geschnittenen Bärlauch behutsam unter. Koste den Aufstrich und schmecke ihn nochmals ab.

4. Streiche ihn auf Schwarzbrotscheiben und bestreue ihn mit dem übrigen Bärlauch.

Zutaten:
1 Handvoll Bärlauch,
250 g Topfen (20 %),
3–4 EL Sauerrahm,
Salz, Pfeffer,
Zucker,
Zitronensaft

Du brauchst:
Schüssel,
10 Minuten

Zu Ostern bleiben ja oft gekochte Eier übrig ...

Eiaufstrich

Ab 6 Jahren

1. Schäle die hartgekochten (Oster-)Eier und wasche sie mit kaltem Wasser ab, um alle Schalenreste zu entfernen. Tupfe sie trocken.

2. Reibe sie fein und reibe pro Ei ein mittelgroßes Essiggurkerl dazu. Pass dabei auf deine Finger auf.

3. Gib pro Ei 1 EL Mayonnaise oder Sauerrahm dazu, würze mit Salz und eventuell auch mit Pfeffer. Vermische alles gut miteinander. Wenn dir der Aufstrich zu fest erscheint, rühre 1–2 EL von der Gurkerlmarinade unter.

4. Streiche den Aufstrich auf Baguettescheiben oder auf Schwarzbrot und streue viel frisch geschnittenen Schnittlauch darüber. Du kannst die Brötchen auch noch mit Radieschen dekorieren.

Zutaten:
gekochte Eier (m), Mayonnaise oder Sauerrahm, Essiggurkerl, Salz, Pfeffer, Schnittlauch

Du brauchst:
Reibe, Schüssel, 10 Minuten

Pikante Osternester

Ab 7 Jahren

1. Wasche und verlese die Kräuter, lass sie auf einem Küchentuch abtrocknen. Schäle die (Oster-)Eier.

2. Wasche und putze die Radieschen. Schneide sie in dünne Scheiben und lege sie kreisförmig auf vier kalte Teller.

3. Rühre Essig, Olivenöl, Honig und eine Prise Salz mit einem Schneebesen cremig. Füge die Kräuter dazu und vermische alles gut.

4. Gib auf jeden der Teller ein Häufchen Salat, setze das Ei jeweils in die Mitte und garniere mit Gänseblümchen.

Zutaten:
2 Handvoll Wildkräuter,
4 gekochte Eier (m),
4 Radieschen,
3 EL Apfelessig,
3 EL Olivenöl,
1 EL Honig,
Salz,
Gänseblümchen

Du brauchst:
Schüssel, Schneebesen,
15 Minuten

Welche Frühlingsblüten kann man essen?

Zum Beispiel Gänseblümchen, Veilchen und Primeln, aber auch Bärlauch-, Taubnessel- oder Wiesensalbeiblüten.

Osterhasentorte

Ab 10 Jahren

1. Backe nach einem beliebigen Rezept eine Schokoladentorte. Die Größe ist im Grunde egal.

2. Schneide mit einem scharfen Messer links und rechts von der Torte längliche Ellipsen ab und lege sie oben jeweils seitlich wieder an.

3. Bestreiche den Hasen mit Marillenmarmelade und umhülle ihn mit Schokoladenglasur.

4. Sobald die Glasur fest ist, kannst du mit Lebensmittelfarben oder Marzipan ein Hasengesicht gestalten.

Zutaten:

1 runde Schokoladentorte, Schokoladenglasur, Marillenmarmelade, Lebensmittelfarben oder buntes Marzipan

Du brauchst:

30 Minuten (+ 2 Stunden zum Festwerden der Glasur)

Tipp: **Mit diesem kleinen Trick entsteht aus einer ganz normalen Schokotorte ein süßer Osterhase.**

Hasenfutter mit Dip | Ab 7 Jahren

1. Wasche das Gemüse und tupfe es trocken. Schäle die Karotten mit einem Rohschäler, entferne Wurzeln und Blätter der Radieschen, schneide die Enden der Gurke weg.

2. Schneide Karotten und Gurke in Stifte. Die Radieschen kannst du ganz lassen, vierteln oder in Scheiben schneiden – je nach Größe und Geschmack.

3. Rühre den Sauerrahm mit je einer Prise Salz und Zucker, etwas Pfeffer und ein paar Tropfen Essig glatt. Schneide den Schnittlauch klein (auf einem Brett mit einem Messer oder mit einer Schere) und mische ihn dazu.

4. Richte das Gemüse hübsch an, stelle den Dip in einer kleinen Schüssel dazu.

Zutaten:
1 Bund Radieschen,
2 Karotten,
1 Minigurke,
1 Becher Sauerrahm (200 g),
Salz, Pfeffer,
Zucker,
weißer Balsamessig,
½ Bund Schnittlauch

Du brauchst:
Rohschäler, Schüssel,
15 Minuten

Woher kommt die Milch?

Bei uns kommt die Milch hauptsächlich von der Kuh. Aber auch Ziegen, Schafe und sogar Kamele werden in manchen Ländern gemolken.

Es gibt auch pflanzliche Alternativen zu Kuhmilch, zum Beispiel:

Frischkäse

Ab 10 Jahren

1. Schütte Milch und Obers in einen Topf und erhitze sie. Rühre dabei immer wieder um.

2. Kurz bevor die Milch zu kochen beginnt, rühre den Essig unter. Dabei flockt die Milch aus. Rühre das Salz ein. Lass die Milch 2 Stunden im Topf auskühlen.

3. Lege ein Sieb mit einem Geschirrtuch aus und hänge es in den zweiten Topf. Gieße die Milch-Obers-Mischung in das Sieb und lass sie 15 Minuten abtropfen.

4. Nimm die Enden des Tuches, drehe sie zusammen und presse damit den Käse vorsichtig aus. Serviere den frischen Käse mit Pfeffer, gutem Öl und Schnittlauch.

Zutaten:
1 l Milch,
250 ml Schlagobers,
2 EL Essig,
½ TL Salz

Du brauchst:
2 große Töpfe,
großes Sieb,
sauberes (frisch gewaschenes) Geschirrtuch,
30 Minuten (+ 2 Stunden zum Auskühlen)

Wie erkenne ich, dass Milch kocht?

Wenn Milch kocht, steigt sie im Topf hoch und bildet viele kleine Blasen.

Ofeneier mit Speck

Ab 9 Jahren

1. Schalte das Backrohr auf 180 °C. Schneide die Basilikumblätter in feine Streifen. Verrühre sie mit Sauerrahm, Eier und Parmesan, würze mit Salz und Pfeffer.

2. Streiche 6 Muffin-Förmchen mit weicher Butter aus und lege in jedes Förmchen zwei Speckstreifen so hinein, dass sie eine Mulde bilden.

3. Fülle die Eiermischung in diese Mulde. Schiebe die Förmchen ins Rohr und backe sie ca. 12 Minuten.

4. Stürze die Ofeneier aus den Förmchen. Besonders gut schmecken sie mit gebuttertem Toastbrot.

Zutaten:

12 dünne Scheiben Speck,
3 Eier (m),
125 ml Sauerrahm,
10 Basilikumblätter,
20 g geriebener Parmesan,
Salz, Pfeffer,
Butter

Du brauchst:

Schüssel,
Muffin-Förmchen,
Backrohr,
25 Minuten

Was sind Muffin-Förmchen? In solchen Formen werden Muffins (kleine, runde Kuchen) gebacken. Es gibt sie aus Metall, Silikon und Papier. Verwendest du Papierförmchen, brauchst du auch ein Muffinblech.

Warum soll ich Bio-Eier verwenden? Bio-Eier stammen von Hühnern, die gesundes Futter bekommen und ausreichend Auslauf haben. Bio-Eier erkennst du am Aufdruck: Die erste Ziffer ist eine Null.

Spiegelei-Toast

Ab 9 Jahren

1. Lege das Toastbrot auf ein Brett und stich mit einer Ausstechform (oder mit einem Glas) ein rundes Loch hinein. Schlage das Ei in eine kleine Schüssel.

2. Stelle eine Pfanne auf den Herd und erhitze ein kleines Stück Butter und 1 TL Öl darin, lege die Brotscheibe hinein und brate sie auf einer Seite schön knusprig.

3. Drehe das Brot um. Lass das Ei vorsichtig in die Mitte des Brotes gleiten.

4. Brate das Brot mit dem Ei so lange, bis das Eiweiß stockt (also fest ist). Hebe dann den Toast vorsichtig auf einen Teller.

Zutaten:
1 große Scheibe Toastbrot,
1 Bio-Ei (m),
Butter,
Öl

Du brauchst:
runde Ausstechform, kleine Schüssel, Pfanne,
10 Minuten

Was mache ich mit dem übrigen Gemüse?

Lege es in den Kühlschrank und hebe es für den nächsten Salat oder die Schuljause auf.

Muttertags-Eierspeis

Ab 8 Jahren

1. Wasche das Gemüse und schneide es: Für dein Gesicht brauchst du 2 dünne Gurkenscheiben, ½ Radieschen und 1 langen Streifen roten Paprika.

2. Schlage die Eier in eine Schüssel. Füge eine Prise Salz und das Obers dazu und verschlage alles gründlich mit einer Gabel.

3. Stelle eine Pfanne auf den Herd und erhitze langsam 1 EL Butter darin. Gieße die verschlagenen Eier hinein und lass sie bei wenig Hitze stocken. Wenn die Eierspeis zu sehr auseinanderrinnt, schiebe sie mit einem Kochlöffel zusammen.

4. Lass sie auf einen Teller gleiten und dekoriere sie so, dass ein Gesicht entsteht (Gurkenscheiben – Augen, halbes Radieschen – Nase, Paprika – Mund, Schnittlauch – Haare).

Zutaten:

2 Eier (m),
2 EL Schlagobers,
Salz,
1 Minigurke,
1 Radieschen,
1 roter Paprika,
Butter,
Schnittlauch

Du brauchst:

Schüssel, Pfanne,
10 Minuten

Grüner Smoothie | Ab 8 Jahren

1. Wasche den Apfel, viertle ihn, entferne sein Gehäuse und gib ihn in einen Mixer.

2. Schäle die Banane und wasche die Selleriestiele. Schneide beides in 1–2 cm lange Stücke und fülle alles in den Mixer.

3. Gib den Apfelsaft, den Saft der Limette und den Honig dazu und mixe alles so lange, bis keine Stücke mehr sichtbar sind.

4. Wasche die Spinatblätter, gib sie tropfnass dazu, mixe nochmals so lange, bis ein richtig schöner, grüner Drink entstanden ist.

Zutaten:
1 Apfel (Granny Smith),
1 Banane,
1–2 Stiele Stangensellerie,
125 ml Apfelsaft,
Saft von 1 Limette,
1 EL Honig oder Ahornsirup,
2 Handvoll junge Spinatblätter (Baby-Spinat)

Du brauchst:
Standmixer, Zitruspresse,
15 Minuten

Tipp: Statt Spinat kannst du auch junge Wildkräuter verwenden: Giersch, Brennnesseln, Vogelmiere, Löwenzahn und Sauerampfer.

Bärlauch-Spaghetti | Ab 9 Jahren

1. Schütte 1–2 Liter Wasser in einen Topf und bringe es zum Kochen. Gib dann eine Prise Salz und die Spaghetti dazu. Rühre um.

2. Wasche den Bärlauch, schüttle ihn trocken. Lege ihn auf ein Brett und schneide ihn in grobe Stücke.

3. Zerlasse die Butter in einer Pfanne. Gieße die fertig gekochten Nudeln durch ein Sieb ab. Schütte sie in die Pfanne, gib den Bärlauch dazu und mische alles gut durch.

4. Salze die Spaghetti leicht und richte sie auf Tellern an. Mit frisch geriebenem Parmesan schmecken sie besonders gut.

Zutaten:
100 g Spaghetti,
2 EL Butter,
eine Handvoll Bärlauch,
Salz,
Parmesan

Du brauchst:
Topf, Pfanne, Sieb,
20 Minuten

Brennt das im Mund auch?

Nein, sobald die feinen Härchen der Brennnesseln geglättet oder gegart sind, brennen sie nicht mehr.

Wo finde ich Brennnesseln? Brennnesseln wachsen auf Böden, die viele Nährstoffe haben. Zum Beispiel im Garten in der Nähe des Komposts oder auf Wiesen in der Nähe von Teichen und entlang von Bächen. Pflücke die Pflanzen im Frühling (März/April), wenn sie ganz jung und ca. 20–30 cm hoch sind, dann sind sie am zartesten.

Brennnesselspinat | Ab 10 Jahren

1. Ziehe Handschuhe an, suche Brennnesseln und pflücke ihre frischen Triebspitzen, (die obersten 10–12 cm der Pflanze). Wasche sie und lass sie abtropfen.

2. Schäle den Knoblauch und schneide ihn klein. Zerlasse die Butter in einer Pfanne und schwitze den Knoblauch darin an.

3. Gib die Brennnesseln dazu. Sie werden nach kurzer Zeit „zusammenfallen". Drehe sie mit zwei Kochlöffeln um, damit alle Blätter weich werden.

4. Würze mit Salz und Pfeffer. Wenn du willst, kannst du auch etwas Obers einrühren.

Zutaten:
4 Handvoll Brennnesselspitzen, 2 Knoblauchzehen, 40 g Butter, Salz, Pfeffer

Du brauchst:
Gartenhandschuhe, Pfanne, 10 Minuten (+ Zeit zum Pflücken)

Spinatnockerl | Ab 8 Jahren

1. Lass den Spinat auftauen. Wiege Mehl und Sauerrahm ab.

2. Schlage die Eier in eine Schüssel. Verrühre sie mit Mehl, Spinat und Sauerrahm zu einem lockeren Teig. Würze mit Salz und Pfeffer.

3. Bringe Wasser in einem großen Topf zum Kochen, salze es. Streiche den Teig mit einer Teigkarte mit leichtem Druck durch ein Nockerlsieb ins Wasser.

4. Lass die Nockerln einmal gut aufkochen, leere sie dann in ein großes Sieb und spüle sie kurz mit kaltem Wasser durch. Schwenke sie in heißer Butter.

Zutaten:
300 g Mehl (universal),
2 Eier (m),
100 g passierter Spinat (tk),
50 g Sauerrahm,
Salz, Pfeffer,
Butter

Du brauchst:
Schüssel, Topf,
Nockerlsieb, großes Sieb,
15 Minuten

Grüne Nudeln | Ab 10 Jahren

1. Wasche das Basilikum, tupfe es trocken und zupfe die Blätter ab. Schlage die Eier in den Becher eines Standmixers. Gib Öl, Wasser und Basilikum dazu und mixe alles zu einer grünen Masse.

2. Häufe das Mehl auf eine Arbeitsfläche, bilde in der Mitte eine Mulde. Gieße die Eiermischung nach und nach hinein und knete sie fest unter.

3. Knete so lange weiter, bis ein gleichmäßig grüner Teig entstanden ist. Wickle ihn in Frischhaltefolie und lass ihn mindestens 1 Stunde rasten.

4. Walke den Teig mit einer Nudelmaschine oder einem Nudelwalker dünn aus und schneide ihn in Streifen. Koche die Nudeln anschließend in Salzwasser. Besonders gut schmecken sie mit Butter und Parmesan.

Zutaten:
300 g griffiges Mehl,
3 Eier (m),
3 EL Olivenöl,
3 EL Wasser,
1 Bund Basilikum,
Salz

Du brauchst:
Standmixer,
Frischhaltefolie,
Nudelmaschine oder
Nudelwalker, Topf,
1½ Stunden

Kann ich Nudeln auch in anderen Farben machen? **Mit dem Saft von Roten Rüben werden sie rot, mit püriertem Kürbis-Fruchtfleisch orange und mit Tintenfischtinte schwarz.**

Fleischlaberl | Ab 8 Jahren

1. Weiche die Semmel in kaltem Wasser ein. Gib das Fleisch in eine Schüssel und schlage das Ei dazu.

2. Schäle den Knoblauch und presse ihn dazu. Rühre ½ TL Senf, eine Prise getrockneten Oregano, Salz und Pfeffer unter. Drücke die Semmel gut aus und mische sie ebenfalls dazu.

3. Knete die Masse gut durch. Forme dann mit nassen Händen kleine, flache Laberln daraus.

4. Stelle eine beschichtete Pfanne auf den Herd und erhitze 2 EL Öl darin. Lege die Laberln hinein und brate sie beidseitig schön braun.

Zutaten:
250 g gemischtes Faschiertes,
1 alte Semmel,
1 Ei (m),
1 Knoblauchzehe,
Salz, Pfeffer,
Senf,
Oregano,
Öl

Du brauchst:
2 Schüsseln, 1 Pfanne,
20 Minuten

Kann ich damit auch einen Hamburger machen? **Du kannst das Fleischlaberl natürlich in ein Weckerl legen. Aber „richtige“ Burger macht man aus Rindfleisch, ohne Semmel und ohne Ei.**

Was sind Pitabrote? Das sind orientalische Fladenbrote. Du kannst sie selbst backen, es gibt sie aber auch in türkischen Bäckereien oder in Supermärkten zu kaufen. Wenn du eine Großpackung nimmst, friere die übrigen Brote für das nächste Mal ein.

Kebap

Ab 10 Jahren

1. Wasche den Salat und zupfe ihn in Stücke. Wasche den Paradeiser, schneide ihn in Scheiben. Verrühre den Sauerrahm mit Salz und Pfeffer.

2. Schneide das Fleisch in dünne Streifen. Würze es mit Salz, Pfeffer und einer Prise getrocknetem Oregano.

3. Erhitze 1 EL Öl in einer Pfanne und brate das Fleisch darin rundherum schön braun.

4. Röste das Pitabrot im Toaster. Scheide dann ein schmales Stück weg und biege das Brot behutsam auseinander, sodass sich eine Tasche bildet. Befülle sie mit Fleisch, Salat, Paradeiser und etwas Sauerrahm.

Zutaten:
2 Pitabrote,
150 g Hühnerfleisch,
1 Paradeiser,
3–4 Salatblätter,
2 EL Sauerrahm,
Salz, Pfeffer,
Oregano,
Öl

Du brauchst:
Pfanne, Toaster,
15 Minuten

Warum heißt das „Maiwipferl"? Weil die Nadelbäume meistens im Mai austreiben. Die jungen Triebe sind besonders zart und aromatisch. Maiwipferl kannst du im Wald oder (noch besser) im Garten pflücken.

Tannennadelsaft

Ab 8 Jahren

1. Pflücke ausreichend „Maiwipferln" – das sind die zarten, hellen, weichen Triebspitzen von Fichten oder Tannen.

2. Lege sie in einen Topf, gieße Wasser dazu und stelle den Topf auf den Herd. Sobald das Wasser kocht, drehe die Hitze zurück und lass alles 15 Minuten auf kleiner Flamme köcheln.

3. Gieße den Saft durch ein Sieb, vermische ihn mit dem Zucker und koche ihn noch einmal auf. Füge zum Schluss den Zitronensaft dazu.

4. Fülle den Saft in saubere Flaschen und stelle ihn kalt (im Kühlschrank hält er ein paar Wochen). Zum Trinken verdünne ihn mit Wasser. Besonders gut schmeckt er, wenn du eine Bio-Zitronenscheibe ins Glas gibst.

Zutaten:
eine Schüssel (Inhalt 1 l) Fichten- oder Tannentriebe („Maiwipferl"),
350 g Zucker,
Saft von 2 Zitronen,
3 l Wasser

Du brauchst:
Topf, feines Sieb,
Flaschen mit Verschluss,
2 Stunden

Erdbeer-Holler-Bowle | Ab 6 Jahren

1. Wasche die Erdbeeren und entferne ihre Stiele. Schneide sie (je nach Größe) in Viertel oder Achtel.

2. Presse die Zitrone aus, beträufle die Erdbeeren mit ihrem Saft und rühre den Holunderblütensirup unter. Lass alles mindestens ½ Stunde ziehen.

3. Gieße dann mit ½ l Mineralwasser auf und rühre gut um.

4. Gib in jedes Glas 1–2 Eiswürfel und ein paar grob geschnittene Minzeblätter. Verteile die Bowle auf die Gläser und gieße ganz zum Schluss noch einmal mit einem Schuss Mineralwasser auf.

Zutaten:
250 g Erdbeeren,
1 Zitrone,
3 EL Holunderblütensirup,
1 Handvoll Minzeblätter,
prickelndes Mineralwasser,
Eiswürfel

Du brauchst:
1 Schüssel, Zitruspresse,
1 Stunde

Was ist Holunderblütensirup? Dieser Sirup wird aus den duftenden Blüten des Holunderstrauchs gemacht. Holunder (auch Holler genannt) blüht im Mai. Du kannst den Sirup selbst ansetzen, es gibt ihn aber auch das ganze Jahr über im Supermarkt zu kaufen.

Erdbeercreme

Ab 6 Jahren

1. Wasche die Erdbeeren und entferne ihre Stiele. Schneide sie (je nach Größe) in Viertel oder Achtel.

2. Fülle die Hälfte der Beeren in den Standmixer, gib den Zucker und ein paar Tropfen Zitronensaft dazu und mixe alles durch. Wenn du keinen Mixer hast, kannst du die Erdbeeren auch mit einer Gabel zerquetschen.

3. Schlage das Obers mit einem Schneebesen steif und hebe es vorsichtig unter die pürierten Erdbeeren.

4. Verteile die Creme auf kleine Schüsseln, garniere mit den restlichen Beeren und mit den Biskotten.

Zutaten:
500 g Erdbeeren,
Saft von ½ Zitrone,
3 EL Zucker,
250 ml Schlagobers,
Biskotten

Du brauchst:
2 Schüsseln, Standmixer,
Schneebesen,
15 Minuten

Warum ziehe ich bei den Erdbeeren nicht zuerst die Stiele raus und wasche sie dann?

In dieser Reihenfolge würden sich die Erdbeeren mit Wasser ansaugen und dann wässrig schmecken.

Was mache ich mit den Dottern? Am besten, du machst dir gleich eine Eierspeis daraus, oder du versuchst einmal, selbst Mayonnaise zu rühren.

Erdbeer-Pavlova

Ab 9 Jahren

1. Schalte das Backrohr auf 150 °C. Trenne die Eier in Eiweiß und Dotter.

2. Schlage das Eiweiß mit einem Handmixer, bis es weiß und fest wird. Füge dann löffelweise den Zucker dazu und schlage es weiter zu steifem Schnee.

3. Häufe den Schnee ringförmig auf ein mit Backpapier belegtes Backblech. Schiebe es ins Rohr, schalte die Temperatur auf 140 °C zurück und backe den Schnee 1 Stunde. Schalte den Ofen aus und lass den Schnee am besten über Nacht (aber mindestens 2 Stunden) trocknen.

4. Hebe die Torte vorsichtig auf einen Teller. Schlage das Obers steif und häufe es in die Mulde. Verteile die gewaschenen, geputzten und kleingeschnittenen Erdbeeren darauf und bestreue alles mit etwas Zucker.

Zutaten:
4 Eier (m),
150 g Kristallzucker,
250 ml Schlagobers,
500 g Erdbeeren,
Staubzucker

Du brauchst:
Handmixer, Schüssel,
Backblech, Backpapier,
Backrohr,
½ Tag

Was heißt eigentlich „unterheben"? Dabei verrührst du zwei Massen sehr vorsichtig miteinander. Wenn du also etwas „unterheben“ sollst, darfst du auf keinen Fall wild rühren. Meistens ist das notwendig, wenn mindestens eine der Massen sehr weich ist.

Waffeln

Ab 9 Jahren

1. Schlage die Eier auf und verquirle sie mit dem Mixer oder dem Schneebesen. Lass den Zucker einrieseln und rühre den Kardamom unter.

2. Vermische das Mehl mit dem Backpulver. Rühre die Hälfte davon zur Eiermasse.

3. Schlage das Obers steif und hebe es abwechselnd mit dem restlichen Mehl unter die Eiermasse.

4. Fette das Waffeleisen mit Butter ein, backe portionsweise die Waffeln darin. Bestreue sie mit Staubzucker. Am besten isst du sie, wenn sie noch heiß sind. Dazu passen frische Beeren, Schlagobers, Marmelade, Zimt oder Schokoraspeln.

Zutaten:
2 Eier (m),
80 g Zucker,
½ TL gemahlener Kardamom,
250 g glattes Mehl,
½ TL Backpulver,
400 ml Schlagobers,
Butter,
Staubzucker

Du brauchst:
2 Schüsseln, Handmixer oder Schneebesen,
Waffeleisen,
20 Minuten

Topfentorte

Ab 10 Jahren

1. Schalte das Backrohr auf 160 °C. Gib die Butter in eine kleine hitzefeste Schüssel und stelle sie ins Backrohr.

2. Gib den Topfen in eine Schüssel und rühre ihn glatt. Mixe Eier, Puddingpulver, Vanillezucker und Kristallzucker dazu.

3. Wasche die Zitrone, trockne sie ab. Reibe ein wenig von ihrer Schale in die Masse. Hole die nun flüssige Butter vorsichtig aus dem Ofen und rühre sie ebenfalls dazu.

4. Fülle die Masse in eine gebutterte Springform und backe sie ca. 50 Minuten.

Zutaten:
500 g Topfen (20 %),
3 Eier (m),
125 g Butter,
1 Packerl Vanillepuddingpulver,
1 Packerl Vanillezucker,
150 g Kristallzucker,
1 Bio-Zitrone

Du brauchst:
2 Schüsseln, Handmixer, Reibe, Springform, Backrohr,
1 Stunde

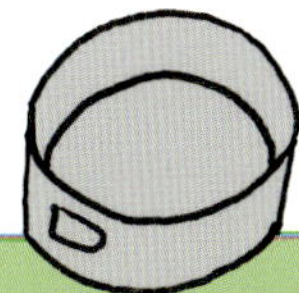

Muss ich eine Bio-Zitrone nehmen? Wenn du die Schale einer Zitrusfrucht verwendest, ist es wichtig, dass diese „unbehandelt“ ist. Das heißt, sie darf nicht mit chemischen Stoffen besprüht worden sein. Bei Bio-Früchten kannst du dir da sicher sein.

Topfenschmarrn | Ab 10 Jahren

1. Schalte das Backrohr auf 150 °C. Trenne die Eier und schlage die Dotter mit dem Zucker schaumig. Rühre Topfen, Mehl und das ausgekratzte Mark der Vanilleschote ein.

2. Schlage die Eiklar mit einer Prise Salz zu festem Schnee. Hebe ihn vorsichtig unter die Dottermasse.

3. Schmelze die Butter in einer Pfanne und erhitze darin 1 EL Zucker und 1 EL Honig. Fülle dann die Eiermasse dazu, schiebe die Pfanne ins Backrohr und backe den Schmarrn ca. 20 Minuten.

4. Nimm die Pfanne aus dem Backrohr, reiße den Schmarrn mit zwei Pfannenwendern oder Gabeln in Stücke und bestreue ihn mit Staubzucker. Dazu passt Kompott.

Zutaten:
5 Eier (m),
250 g Topfen (20 %),
1 Vanilleschote,
100 g Feinkristallzucker,
Salz,
50 g glattes Mehl,
2 EL Butter,
1 EL Honig,
Staubzucker

Du brauchst:
2 Schüsseln, Handmixer oder Schneebesen, ofenfeste Pfanne, Backrohr, 40 Minuten

Warum brauche ich hier Salz?

Die meisten süßen Speisen schmecken mit einer Prise Salz noch besser.

Warum soll ich die Gläser auf den Kopf stellen? Weil damit auch der Deckel so stark erhitzt wird, dass eventuell dort vorhandene Keime abgetötet werden. Das hat schon die Oma so gemacht.

Erdbeer-Kirsch-Marmelade

Ab 8 Jahren

1. Wasche die Erdbeeren, zupfe ihre Stiele heraus und schneide sie in kleine Stücke.

2. Wasche die Kirschen, entstiele und entkerne sie. Püriere die Hälfte der Kirschen mit ca. ⅓ des Zuckers zu einem Mus.

3. Verrühre Kirschmus, Kirschstücke, Erdbeeren und Zucker in einem Kochtopf und erhitze die Masse. Lass sie 5–8 Minuten sprudelnd kochen.

4. Fülle die kochend heiße Marmelade in saubere, heiß ausgespülte Gläser. Verschließe diese fest und stelle sie für 10 Minuten auf den Kopf. Drehe sie dann um und lass sie auskühlen.

Zutaten:
500 g Erdbeeren (geputzt), 500 g Kirschen (entkernt), 1 kg Gelierzucker (1:1)

Du brauchst:
Topf, Marmeladegläser mit Deckel, Pürierstab, Einkochtrichter oder Schöpfer, 1 Stunde

SOJASAU

mer

Zitronenlimonade | Ab 6 Jahren

1. Rolle die Zitronen oder Limetten mit dem Handballen fest auf der Arbeitsfläche hin und her, so bekommst du möglichst viel Saft aus den Früchten.

2. Halbiere die Früchte und presse sie aus.

3. Schütte den Saft in einen Standmixer und füge Zucker hinzu. Mixe so lange, bis sich der Zucker aufgelöst hat. Du kannst Zucker und Saft auch mit einem Löffel verrühren, das dauert nur länger.

4. Leere die Mischung in einen Krug und gieße mit kaltem Wasser auf. Wenn du möchtest, kannst du die sie auch noch mit Eiswürfel kühlen. Garniere jedes Glas außerdem mit einem Minzeblatt.

Zutaten:
2 Zitronen oder Limetten,
3 EL brauner Rohrzucker,
1 l Wasser,
ein paar Minzeblätter

Du brauchst:
Zitruspresse,
Standmixer, Krug,
5 Minuten

Ist Limonade gesund? **Limonaden aus dem Supermarkt enthalten meist sehr viel Zucker oder Süßstoff und oft auch künstliche Aromen und Farbstoffe. Daher solltest du sie eher meiden. Machst du Limonade selbst, enthält sie immerhin Vitamine. Auf jeden Fall solltest du aber ausreichend Wasser trinken – pro Glas Limonade zwei Gläser stilles Wasser.**

Welche Blüten kann ich dafür verwenden?

Dafür eignen sich z. B. Wiesenblumen wie Gänseblümchen oder Klee, Kräuterblüten von Lavendel, Thymian oder Salbei oder Gartenblumen wie kleine Rosen, Duftpelargonien oder Ringelblumen.

Blüten-Eistee

Ab 8 Jahren

1. Zupfe die Blütenblätter von den Blüten und lege jeweils ein paar von ihnen in die Fächer einer Eiswürfelform. Fülle mit Wasser auf. Fülle eine weitere Form nur mit Wasser und stelle beide in den Tiefkühler.

2. Fülle ½ l Wasser in einen Topf und bringe es zum Kochen. Übergieße die Teeblüten damit und lass diese 10 Minuten ziehen.

3. Schütte die „normalen" Eiswürfel in eine Schüssel. Gieße den warmen Tee darüber, sodass das Eis schmilzt. Würze den Tee mit Ahornsirup und Zitronensaft.

4. Gieße den Tee in Gläser und garniere pro Glas mit 2–3 Blüteneiswürfel.

Zutaten:
1 Handvoll essbare Blüten,
4 EL getrocknete Teeblüten (Holunder, Jasmin, Kamille etc.),
Saft von 1 Zitrone,
2–3 EL Ahornsirup

Du brauchst:
2 Eiswürfelformen, Teesieb, Schüssel, Tiefkühler, Topf, 20 Minuten (+ Kühlzeit)

Woher bekomme ich so eine Brotflade?

Solche Brotfladen gibt es in orientalischen Lebensmittelgeschäften zu kaufen.

Pikante Geburtstagstorte | Ab 6 Jahren

1. Schneide die Flade mit dem Brotmesser einmal horizontal durch. Bestreiche die untere Hälfte mit dem Frischkäse.

2. Verteile den Schinken oder den Emmentaler sowie die in dünne Scheiben geschnittene Gurke darauf.

3. Schneide die Eier in Scheiben (am besten mit dem Eierschneider) und lege sie darauf. Würze mit Salz und Pfeffer, streue den Schnittlauch darüber.

4. Setze nun die zweite Brothälfte darauf, drücke sie leicht an und stecke Kerzen hinein. Das Geburtstagskind kann die Flade dann wie eine Torte anschneiden.

Zutaten:

1 große Weißbrotflade,
100 g Frischkäse,
10 cm Salatgurke,
200 g Beinschinken oder Emmentaler,
2 gekochte Eier (m),
Salz, Pfeffer,
1 EL Schnittlauch

Du brauchst:

Brotmesser,
Eierschneider, Kerzen,
10 Minuten

2 Dips für Nachos

Ab 8 Jahren

1. Schneide von der Jungzwiebel die welken Spitzen sowie die Wurzeln weg und schäle ihre äußerste Schicht ab. Schneide sie in feine Ringe. Schäle den Knoblauch und schneide ihn fein.

2. Schneide die Paradeiser in kleine Würfel. Vermische sie mit der Hälfte von Zwiebel und Knoblauch sowie mit 1 EL Öl. Würze sie mit Salz und Pfeffer.

3. Schneide die Avocado der Länge nach auseinander und entferne ihren Kern. Löffle das Fruchtfleisch in eine Schüssel. Zerquetsche es mit einer Gabel und verrühre es mit dem Limettensaft zu einer cremigen Paste.

4. Mische den Rest von Zwiebel und Knoblauch zur Avocado, würze mit Salz und Pfeffer. Streue die Korianderblätter darüber. Jetzt kannst du die Nachos in die zwei Saucen dippen.

Zutaten:
1 reife Avocado,
1 Jungzwiebel,
2 Knoblauchzehen,
Saft von 1 Limette,
Korianderblätter,
2–3 große Paradeiser,
Salz, Pfeffer,
Olivenöl,
1 Packung Nachos

Du brauchst:
2 Schüsseln,
20 Minuten

Was sind Nachos? **Nachos sind meist dreieckige, in Öl gebackene Tortillas (dünnes Fladenbrot aus Weizen oder Mais). Sie stammen aus der mexikanischen Küche.**

Kräuterturm

Ab 8 Jahren

Zutaten:
1 EL Öl oder Butter,
1 Tasse Rundkornreis,
Salz,
frische Kräuter (Oregano, Basilikum, Petersilie),
2 mittelgroße Paradeiser

Du brauchst:
Topf mit Deckel,
Glas mit geraden Wänden,
25 Minuten

1. Stelle einen Topf auf den Herd, erhitze Öl oder Butter darin und schütte 1 Tasse Rundkornreis dazu. Rühre gut um, gieße dann mit 2 Tassen Wasser auf. Gib eine Prise Salz dazu. Drehe die Hitze zurück und lass den Reis zugedeckt köcheln, bis das ganze Wasser aufgesaugt ist.

2. Zupfe die Blätter von den Kräutern, schneide sie möglichst fein. Schneide die Paradeiser auf, entferne ihre Stiele und würfle ihr Fruchtfleisch.

3. Vermische den heißen Reis mit den Kräutern und den Paradeisern, rühre außerdem 1 TL kalte Butter unter.

4. Spüle ein Glas mit kaltem Wasser aus und befülle es mit Reis. Drücke ihn gut fest. Stülpe dann das Glas auf einen Teller, sodass der Turm herausrutscht. Du solltest ihn sofort essen.

Warum fällt der Turm nicht auseinander? Rundkornreis enthält viel Stärke (mehr als Langkornreis) und diese wirkt wie ein Kleber.

Was ist Couscous? Couscous besteht aus befeuchtetem und zu Kügelchen zerriebenem Weizengrieß. Er stammt ursprünglich aus der nordafrikanischen Küche.

Couscous-Salat

Ab 9 Jahren

1. Gieße das Wasser in einen Topf, lass es aufkochen und salze es. Nimm den Topf vom Herd und rühre 1 EL Öl sowie den Couscous dazu.

2. Lass den Couscous 5 Minuten zugedeckt quellen. Rühre ihn anschließend mit einer Gabel durch.

3. Wasche Paradeiser und Gurke. Halbiere den Paradeiser, entferne seinen Stielansatz und schneide ihn in kleine Stücke. Schneide die Gurke in kleine Würfel. Hacke die Petersilie.

4. Schütte den Couscous in eine Schüssel und vermische ihn mit der Petersilie und den Gemüsewürfeln. Schmecke mit Salz, Pfeffer, Olivenöl und Zitronensaft ab.

Zutaten

1 Glas Couscous (70–80 g),
1 gleich großes Glas Wasser,
1 großer Paradeiser,
½ Gurke,
Petersilie,
Saft von 1 Zitrone,
Olivenöl,
Salz, Pfeffer

Du brauchst:

Topf, Schüssel,
15 Minuten

Tsatsiki | Ab 7 Jahren

1. Wasche die Gurke, trockne sie ab und rasple sie grob. Salze sie und lass sie ca. 10 Minuten stehen.

2. Schäle die Knoblauchzehe und drücke sie durch eine Presse.

3. Verrühre Joghurt und Knoblauch in einer Schüssel.

4. Gib die Gurkenraspeln in ein Sieb und drücke die Flüssigkeit heraus. Den Saft kannst du übrigens trinken. Rühre die Raspel unter das Joghurt und würze mit Salz, Pfeffer und einem Schuss Olivenöl.

Zutaten:
1 kleine Salatgurke, Salz, Pfeffer, 1 Knoblauchzehe, 1 Becher griechisches Joghurt, Olivenöl

Du brauchst:
Reibe, Knoblauchpresse, Sieb, 2 Schüsseln, 20 Minuten

Warum soll man die geraffelte Gurke salzen und stehenlassen? Die Gurke besteht zu 97 % aus Wasser. Rührt man die Gurkenraspeln gleich ins Joghurt, wird dieses zu dünnflüssig. Durch das Salz löst sich das Wasser schnell aus dem Fruchtfleisch und man kann die Raspeln gut ausdrücken.

Kann ich dafür auch „normale" Nudeln verwenden?

Für diesen Salat eignen sich auch „normale" Nudeln wie Spiralen oder Penne. Dünne Glasnudeln müssen jedoch nicht gekocht werden und sind daher schneller fertig.

Glasnudelsalat

Ab 9 Jahren

1. Bringe ca. ½ Liter Wasser zum Kochen, übergieße die Glasnudeln damit und lass sie 3–4 Minuten ziehen.
2. Wasche das Gemüse. Schneide die Enden der Gurke weg, entkerne den Paprika und entferne welke Spitzen sowie die Wurzeln von der Jungzwiebel.
3. Schneide Gurke, Paradeiser und Paprika in kleine Stücke, die Zwiebel in feine Ringe. Schütte die Nudeln in ein Sieb, schrecke sie mit kaltem Wasser ab und lass sie abtropfen.
4. Presse die Limette aus, verrühre ihren Saft mit Honig, Sesamöl und einer Prise Salz. Mische die Nudeln mit dem Gemüse und der Marinade, streue ein paar Minzeblätter sowie eine Handvoll Erdnüsse darüber.

Zutaten:

50 g dünne Glasnudeln,
1 Minigurke,
10 Kirschparadeiser,
1 kleiner roter Paprika,
1 Jungzwiebel,
frische Minze,
1 Limette,
1 TL Honig,
1 TL Sesamöl,
Salz,
geröstete Erdnüsse

Du brauchst:

Schüssel, Sieb,
Zitruspresse,
15 Minuten

Warum wickelt man diesen Fisch in ein Packerl? Im fest verschlossenen Packerl entsteht bei Hitze Dampf. Dadurch wird der Fisch sehr sanft gegart und bleibt wunderbar saftig. Du kannst das Packerl noch mit weiteren Zutaten füllen: mit Spinat- oder Bärlauchblättern, Knoblauch, Kräutern, Butter …

Verpackter Fisch

Ab 8 Jahren

1. Schalte das Backrohr auf 180 °C. Schneide aus dem Backpapier ein Quadrat mit ca. 40 cm Seitenlänge. Lege es auf ein Backblech und streiche es mit Olivenöl ein.

2. Wasche das Fischfilet, tupfe es trocken und lege es mittig auf das Backpapier. Würze mit Salz und ein paar Tropfen Zitronensaft.

3. Halbiere die Paradeiser, schneide die Zwiebel in Ringe und verteile beides auf dem Fisch. Träufle zuletzt etwas Olivenöl darüber.

4. Falte das Backpapier zu einem Packerl zusammen und verschließe seine Enden mit Küchengarn oder Büroklammern. Schiebe es für 15 Minuten ins Backrohr. Öffne das Packerl erst bei Tisch. Dazu passt Weißbrot.

Zutaten:

150 g Kabeljaufilet,
3 Kirschparadeiser,
1 Jungzwiebel,
Zitronensaft,
Salz,
Olivenöl

Du brauchst:

Backblech, Backpapier, Backrohr, Küchengarn oder Büroklammern, Schere, 20 Minuten

Knusprige Forelle | Ab 12 Jahren

1. Wasche die Forelle, tupfe sie trocken und beträufle sie mit ein wenig Zitronensaft. Salze sie innen und außen. Schäle die Knoblauchzehen.

2. Stelle eine beschichtete Pfanne auf den Herd und erhitze 1 EL Butter und 1 EL Öl darin. Tauche die Forelle beidseitig in Mehl und lege sie dann ins heiße Fett.

3. Brate sie auf beiden Seiten bei milder Hitze ca. 5 Minuten. Lege auch die Knoblauchzehen in die Pfanne. Sobald sie braun sind, stecke sie in den Fischbauch.

4. Lege den Fisch auf einen Teller und beträufle ihn mit dem Fett aus der Pfanne.

Zutaten:
1 frische (ausgenommene) Forelle,
Butter,
Öl,
Salz,
Zitronensaft,
2 Knoblauchzehen,
Mehl

Du brauchst:
Pfanne,
15 Minuten

Wie zerlege ich so einen ganzen Fisch? **Ziehe zuerst die Flossen samt den kleinen Gräten heraus. Mache dann in der Mitte des Fisches einen länglichen Schnitt, löse das Rücken- und das Bauchfilet von der Hauptgräte. Ziehe die Hauptgräte samt Kopf ab, übrig bleiben dann die beiden Filets von der zweiten Seite. Die knusprige Haut kannst du übrigens auch essen.**

Fleischbällchen

Ab 10 Jahren

1. Gib das Fleisch sowie die Semmelbrösel in eine Schüssel. Schlage die Eier dazu und knete alles gut durch. Würze mit Salz und Pfeffer.

2. Schäle den Knoblauch. Erhitze in einem Topf 1 EL Öl, presse den Knoblauch hinein und schwitze ihn leicht an. Gieße die passierten Paradeiser dazu.

3. Rühre eine Prise Oregano und die Marmelade ein, würze mit Salz und Cayennepfeffer und lass die Sauce aufkochen.

4. Forme aus der Fleischmasse kleine Bällchen und lege sie vorsichtig in die Paradeissauce. Lass sie bei geringer Hitze 20 Minuten gar werden.

Zutaten:
500 g gemischtes Faschiertes,
2 Eier (m),
3–4 EL Semmelbrösel,
Cayennepfeffer,
Salz, Pfeffer,
250 g passierte Paradeiser,
getrockneter Oregano,
1 TL Paradeiser- oder Preiselbeermarmelade
2 Knoblauchzehen, Öl

Du brauchst:
Schüssel, Topf, Knoblauchpresse,
30 Minuten

Grillspieße | Ab 10 Jahren

1. Schneide das Fleisch in 2–3 cm große Würfel. Wasche die Zucchini, entferne ihre Enden und schneide den Rest in 2 cm dicke Scheiben.

2. Stecke abwechselnd Fleischstücke, Zucchinischeiben, Paradeiser und Champignons auf die Holzspieße.

3. Schäle Ingwer und Knoblauch. Reibe beides fein und verrühre sie mit Soja- und Chilisauce. Streiche die Spieße mit der Marinade ein und lass sie 1 Stunde zugedeckt ziehen.

4. Grille die Spieße auf einem Holzkohlegrill oder in einer Grillpfanne.

Zutaten:
200 g Schweinsschnitzelfleisch,
1 Zucchini,
8 Kirschparadeiser,
8 sehr kleine Champignons,
1 cm Ingwer,
1 Knoblauchzehe,
2 EL Sojasauce,
1 EL Sweet Chili Sauce

Du brauchst:
8 Holzspieße, Reibe,
10 Minuten (+ 1 Stunde zum Ziehenlassen)

Steckerlbrot

Ab 10 Jahren

1. Vermische Mehl, Salz und Sonnenblumenkerne miteinander. Zerbröckle die Hefe und löse sie in 150 ml lauwarmem Wasser auf. Gib sie gemeinsam mit Honig und Öl zum Mehl.

2. Knete alles mit den Händen zu einem glatten Teig. Lege ihn in eine Plastikbox (der Teig muss darin Platz zum Aufgehen haben) und bestäube ihn mit etwas Mehl. Verschließe die Box, stelle sie an einen warmen Platz und lass den Teig mindestens 30 Minuten rasten.

3. Der Teig sollte jetzt deutlich größer und luftiger sein. Knete ihn noch einmal kurz durch. Teile ihn dann in 6–8 Stücke und forme aus diesen ca. 20 cm lange Rollen.

4. Wickle die Teigrollen um die oberen Enden von langen, festen Stöcken, drücke sie leicht an. Halte die Stöcke über die Glut eines Lagerfeuers (nicht in die Flammen), drehe sie dabei immer wieder.

Zutaten:
250 g glattes Mehl,
½ TL Salz,
100 g Sonnenblumenkerne,
20 g frische Hefe,
1 TL Honig,
2 EL Sonnenblumenöl

Du brauchst:
Schüssel,
größere Plastikbox,
Lagerfeuer,
feste Stöcke ohne Rinde,
1 Stunde

Warum stellt man den Teig ins kalte Backrohr?

Bei vielen anderen Gerichten soll das Backrohr schon heiß sein, bevor man die Speise hineinstellt. Hier jedoch nutzt man die Zeit, während die Temperatur ansteigt, damit die Hefe ihre Arbeit – nämlich das Brot locker zu machen – gut erledigen kann.

Dinkelbrot

Ab 10 Jahren

1. Schütte das Mehl in eine Schüssel. Gib Hefe, Salz und Honig dazu.

2. Rühre mit einem Kochlöffel das lauwarme Wasser unter.

3. Streiche eine Kastenform mit Butter oder Öl aus und fülle den Teig hinein.

4. Stelle die Form ins kalte Backrohr. Fülle eine kleine ofenfeste Schüssel halbvoll mit Wasser und stelle sie ebenfalls ins Backrohr. Schalte dieses nun auf 180 °C und backe das Brot 60–70 Minuten.

Zutaten:
500 g Dinkelmehl,
1 Packerl Trockenhefe,
1 EL Salz,
350 ml lauwarmes Wasser,
1 EL Honig,
Butter oder Öl

Du brauchst:
Backrohr,
Backform (Kastenform),
kleine Schüssel,
1½ Stunden

Woher bekomme ich solche Stöcke?

Am besten schneidest du sie gemeinsam mit einem Erwachsenen frisch von Sträuchern ab. Sie sollten eine feste Spitze haben, ungefähr 1 Meter lang und nicht allzu biegsam sein.

Popcorn

Ab 7 Jahren

1. Löse vom Maiskolben die einzelnen Körner ab. Entferne kleine Pflanzen-Härchen und -Brösel.

2. Stelle einen Topf auf den Herd und erhitze 1 EL Öl darin. Gib so viele Maiskörner hinein, dass der Boden gleichmäßig bedeckt ist. Decke den Topf zu.

3. Nach 2–3 Minuten beginnt der Mais zu „poppen". Nimm Topfhandschuhe und schüttle den Topf ab und zu durch, jedoch ohne den Deckel zu öffnen.

4. Hört es zu poppen auf, sind alle Körner explodiert. Öffne vorsichtig den Deckel. Leere das Popcorn in eine Schüssel und salze es.

Zutaten:
1 Popcorn-Maiskolben,
Maiskeimöl,
Salz

Du brauchst:
Topf mit Deckel,
Schüssel,
15 Minuten

Funktioniert das mit jedem Maiskolben? **Für Popcorn eignen sich nur spezielle Maissorten, die eigens dafür gezüchtet werden. Du bekommst sie manchmal auf Bauernmärkten. Du kannst Popcornmais aber auch bereits abgerebelt im Supermarkt kaufen.**

Tipp: Besonders schön sieht es aus, wenn du die Teigstreifen in sich verdrehst, bevor du sie bäckst.

Käsestangerl

Ab 10 Jahren

1. Schalte das Backrohr auf 200 °C. Rolle den Teig aus, lass dabei das Papier, in dem er eingewickelt ist, darunter liegen. Lege ein Backblech mit Backpapier aus.

2. Schlage das Ei in eine Schüssel und versprudle es. Bestreiche den Teig damit. Reibe den Käse fein und verteile ihn gleichmäßig auf dem Teig.

3. Schneide den Teig mit einem Teig-Roller, einem Pizza-Schneider oder einem Messer in 1–1,5 cm breite Streifen. Die Länge kannst du dir aussuchen. Lege die Streifen mit etwas Abstand nebeneinander auf das Backblech.

4. Bestreue die Streifen mit Kümmel, Sesam oder anderen Körnern. Backe sie ca. 10 Minuten.

Zutaten:
1 Rolle Bio-Dinkel-Blätterteig,
1 Ei (m),
Hartkäse,
verschiedene Samen bzw. Nüsse (Kümmel, Sesam, Mandelblättchen, Mohn)

Du brauchst:
Backrohr, Backblech, Backpapier, Reibe, Schüssel, Pinsel,
20 Minuten

Brauche ich für diese Torte gar keine Waage?

Bei diesem Teig kannst du die Mengen einfach mit einem Löffel abmessen. Du kannst übrigens auch eine Roulade daraus machen: Streiche dazu die Masse ca. 1–2 cm hoch auf ein mit Backpapier ausgelegtes Blech. Zum Backen brauchst du dann nur ca. 12 Minuten.

Schnellbiskuit-Torte | Ab 10 Jahren

1. Trenne die Eier. Schlage das Eiklar mit einer Prise Salz zu steifem Schnee, lass zum Schluss den Zucker einrieseln und schlage ihn mit.

2. Rühre die Dotter vorsichtig unter den Schnee. Hebe nach und nach das Mehl unter.

3. Fülle die Masse in eine gebutterte Tortenform. Backe sie ca. 30 Minuten. Lass sie auskühlen.

4. Schlage das Obers mit dem Staubzucker steif, hebe die Beeren unter. Schneide die Torte in der Mitte durch und fülle sie mit der Obers-Beeren-Creme.

Zutaten:
4 Eier (m), 4 gehäufte Löffel glattes Mehl, 4 EL Kristallzucker, Butter, Salz, 200 ml Schlagobers, 2 EL Staubzucker, verschiedene Beeren

Du brauchst:
2 Schüsseln, Handmixer, Tortenform, Backrohr, 1 Stunde (+ Zeit zum Auskühlen)

Schweinsohren

Ab 8 Jahren

1. Rolle den Blätterteig aus. Bepinsle ihn mit Wasser und bestreue ihn mit Vanillezucker.

2. Rolle ihn von beiden Längsseiten locker zur Mitte hin ein. Hebe die Rolle auf ein mit Mehl bestäubtes Brett und lege sie für ca. 30 Minuten in den Kühlschrank.

3. Schalte das Backrohr auf 220 °C. Schneide die Blätterteigrolle in ca. 0,5 cm dicke Scheiben und lege sie nebeneinander auf ein mit Backpapier belegtes Backblech.

4. Backe die Schweinsohren ca. 10 Minuten, bis sie eine schöne goldbraune Farbe haben.

Zutaten:
1 Rolle Bio-Dinkel-Blätterteig,
80 g Vanillezucker,
etwas Mehl

Du brauchst:
Backrohr, Backblech, Backpapier, Pinsel, 45 Minuten

Warum soll ich Dinkel-Blätterteig kaufen?

Weil wir mit „normalem" Brot, Gebäck und Kuchen sehr viel Weizen essen. Dinkel ist eine gesunde Abwechslung dazu.

Himbeer-Tiramisu | Ab 8 Jahren

1. Wasche die Himbeeren, lass sie abtropfen und zerdrücke sie mit einer Gabel. Schlag das Obers mit dem Handmixer steif.

2. Rühre das QimiQ mit einem Schneebesen glatt. Mische Mascarpone, Zucker und Himbeeren dazu. Hebe das geschlagene Obers vorsichtig unter.

3. Streiche ⅓ der Creme auf den Boden einer Auflaufform. Tauche die Biskotten kurz in die Milch und lege sie dicht nebeneinander auf die Creme. Streiche dann wieder Creme darüber.

4. Die nächste Schicht besteht wieder aus Biskotten, die letzte aus Creme. Decke das Tiramisu mit Frischhaltefolie ab und stelle es für mindestens 3 Stunden in den Kühlschrank.

Zutaten:
250 g QimiQ,
125 g Mascarpone,
200 g Himbeeren,
70 g Feinkristallzucker,
1 Packerl Vanillezucker,
125 ml Schlagobers,
30 Biskotten,
125 ml Milch

Du brauchst:
2 Schüsseln, Handmixer, Schneebesen, Auflaufform, 30 Minuten (+ Zeit zum Kühlen)

Was ist QimiQ? QimiQ ist ein Milchprodukt, das in Österreich erfunden wurde. Der Name setzt sich aus „quick" (schnell) und „milk" (Milch) zusammen. Es besteht aus 99 % Obers und 1 % Speisegelatine. In kühler Form ist es fest, in warmer flüssig.

Marillen-Crumble | Ab 8 Jahren

1. Wasche die Marillen, tupfe sie trocken. Schneide sie auf, entferne ihre Kerne. Viertle die Früchte, wiege 750 g ab, den Rest kannst du naschen.

2. Mische die Marillen vorsichtig mit 3 EL Zucker und 1 EL Stärkemehl. Lass sie mindestens 30 Minuten ziehen.

3. Schalte das Backrohr auf 180 °C. Schneide die kalte Butter in Würfel. Zerbrösle sie mit den Fingern mit dem restlichen Zucker, dem Mehl und einer Prise Salz.

4. Lege die Marillen in eine gebutterte Backform. Verteile die Teigbrösel darauf. Backe den Crumble ca. 30 Minuten. Er schmeckt sowohl lauwarm als auch kalt.

Zutaten:
1 kg Marillen,
3 EL Zucker,
1 EL Stärkemehl,
75 g Zucker,
100 g Butter,
150 g Mehl,
Salz

Du brauchst:
2 Schüsseln,
Backform, Backrohr,
1 Stunde

Woher kommt das Wort „Smoothie“? Dieser Begriff stammt vom englischen Wort „smooth“, das „fein“ oder „cremig“ bedeutet.

Melonen-Smoothie

Ab 6 Jahren

Zutaten:
1 Zuckermelone,
1 Banane,
Saft einer ½ Zitrone,
1 EL Holunderblütensirup,
Eiswürfel

Du brauchst:
Pürierstab, Mixbecher,
10 Minuten

1. Halbiere die Melone und entferne ihre Kerne.

2. Löffle das Fruchtfleisch aus der Schale. Hebe die Schalenhälften auf. Fülle die Melonenstücke in den Mixbecher. Schäle die Banane, zerkleinere sie und gib sie dazu.

3. Füge Sirup, Zitronensaft und 3 Eiswürfel hinzu. Mixe den Smoothie so lange, bis er schön cremig ist und keine Bröckchen mehr vorhanden sind.

4. Flache die Melonenschalenhälften an der Unterseite leicht ab, damit sie gut stehen. Fülle den Smoothie in die Schalen und serviere ihn mit einem Trinkhalm. Den Rest kannst du in Gläser füllen.

Melonen-Eis

Ab 9 Jahren

1. Schütte das Wasser in einen kleinen Topf und rühre den Zucker dazu. Lass das Ganze aufkochen und dann abkühlen.

2. Halbiere die Melone, löffle ihre Kerne heraus. Löse das Fruchtfleisch von der Schale und schneide es in große Würfel.

3. Wiege 500 g Fruchtfleisch ab, fülle es in einen Mixer und püriere es fein. Vermische es mit dem abgekühlten Zuckersirup und dem Limettensaft.

4. Fülle die Masse in Eisformen, setze die Stiele ein und lasse sie über Nacht im Tiefkühler gefrieren. Spüle die Formen kurz mit warmem Wasser ab, dann löst sich das Eis leichter aus der Form.

Zutaten:
50 ml Wasser,
80 g Zucker,
1 Zuckermelone,
Saft von 1 Limette

Du brauchst:
Topf, Standmixer, Schüssel, Eisformen, Eisstiele, Tiefkühler, 1 Tag

Kann ich auch andere Melonensorten verwenden?

Verwendest du eine Honigmelone, wird dein Eis grün. Mit einer Wassermelone erhältst du rosarotes Eis. Dabei musst du allerdings vorher die Kerne aus dem Fruchtfleisch lösen, das ist etwas mühsam.

Obstsalat

Ab 7 Jahren

1. Löffle aus der halben Melone die Kerne. Lege die Melone auf ein Brett und schneide ihre Schale weg.

2. Wasche Marillen und Pfirsiche, tupfe sie trocken. Schneide sie in der Mitte durch und entferne ihre Kerne. Schäle die Banane.

3. Presse die Zitrone aus und leere ihren Saft in eine Schüssel. Schneide alle Früchte in kleine Stücke und vermische sie mit dem Zitronensaft.

4. Wasche die Beeren, lass sie gut abtropfen, entferne ihre Stiele und hebe sie vorsichtig unter die anderen Früchte. Lass den Salat mindestens 15 Minuten ziehen, bevor du ihn isst. Besonders gut schmeckt er mit Vanille-Eis.

Zutaten:
2 Marillen,
2 Pfirsiche,
½ Melone,
Beeren (Heidelbeeren, Himbeeren, Erdbeeren),
1 kleine Banane,
1 Zitrone

Du brauchst:
Schüssel,
Zitruspresse, Sieb,
30 Minuten

Schokobanane

Ab 7 Jahren

1. Am besten machst du Schokobananen, wenn ihr ohnehin grillt. Warte, bis es am Grill eine richtig schöne Glut gibt.

2. Schlitze die Banane der Länge nach auf. Achte darauf, dass der untere Teil der Schale unverletzt bleibt.

3. Brich von einer Tafel Schokolade kleine Stücke ab und stecke sie ins Fruchtfleisch der Banane. Drücke die Banane danach oben wieder zusammen.

4. Lege sie mit dem Schlitz nach oben so lange auf den Grill, bis die Schokolade zu schmelzen beginnt. Am besten löffelst du sie direkt aus der Schale.

Zutaten:
Banane,
Schokolade

Du brauchst:
Grill,
10 Minuten

Schokoladenblätter | Ab 11 Jahren

1. Säubere die Blätter und lege sie mit ihrer rauen Seite nach oben auf ein Backpapier.

2. Reibe die Schokolade klein, fülle sie in eine Metallschüssel und gib die Butter dazu. Lass beides im Wasserbad schmelzen und rühre die Mischung anschließend glatt.

3. Streiche die flüssige Schokolade mit einem Pinsel vorsichtig auf die Blätter. Achte darauf, dass sie nicht über den Blattrand läuft.

4. Warte ca. 30 Minuten, bis die Schokolade hart ist. Ziehe dann die Blätter vorsichtig ab. Die Schokoladenblätter eignen sich hervorragend zum Dekorieren, z. B. bei Eiscreme.

Zutaten:
25 Blätter von essbaren Pflanzen,
100 g Zartbitter-schokolade,
1 TL Butter

Du brauchst:
Backpapier, Reibe, Metallschüssel, Topf, Pinsel, 1 Stunde

Marmorierter Gugelhupf

Ab 10 Jahren

1. Schalte das Backrohr auf 180 °C. Trenne die Eier, gib dabei die Dotter in eine kleinere Schüssel, die Eiklar in eine größere.

2. Schlage das Obers halbfest, füge Zucker und Vanillezucker hinzu und schlage es fertig. Rühre vorsichtig die Dotter ein, hebe Mehl und Backpulver unter und füge die Milch dazu.

3. Schlage die Eiklar zu steifem Schnee und ziehe ihn vorsichtig unter. Fülle ein Drittel der Masse in eine weitere Schüssel und mische diesen Teil mit Haselnusscreme.

4. Streiche eine Gugelhupfform mit Butter ein und bestreue sie mit Mehl. Fülle abwechselnd die helle und die dunkle Masse ein. Backe den Gugelhupf ca. 1 Stunde.

Zutaten:
3 Eier (m),
250 ml Schlagobers,
1 Packerl Vanillezucker,
200 g Kristallzucker,
250 g Mehl,
½ Packerl Backpulver,
3 EL Milch,
3 EL Haselnusscreme (z. B. Nutella),
Butter

Du brauchst:
3 Schüsseln,
Schneebesen,
Gugelhupfform,
1½ Stunden

Tipp: **Statt Haselnusscreme kannst du auch 2 EL Kakao zum Färben der dunklen Masse verwenden.**

bst

für den Schulbeginn

ABC-Kekse

Ab 6 Jahren

1. Häufe das Mehl auf die Arbeitsfläche, gib Zucker und eine Prise Salz dazu. Bilde in der Mitte eine Mulde, schlage das Ei hinein. Schneide die Butter in Stücke, füge sie hinzu und knete alles fest durch.

2. Schalte das Backrohr auf 180 °C. Rolle den Teig auf der bemehlten Arbeitsfläche ca. 2 mm dick aus.

3. Stich Buchstaben aus.

4. Lege dein Alphabet auf ein mit Backpapier ausgelegtes Blech. Backe deine Kekse ca. 15 Minuten.

Zutaten:
240 g glattes Mehl,
130 g kühle Butter,
80 g Zucker,
1 Ei (m),
Salz

Du brauchst:
Nudelwalker, Backrohr, Backblech, Backpapier, Ausstechformen, 1 Stunde

Wo kann ich solche Ausstecher kaufen?

In einem Geschäft für Küchenzubehör.

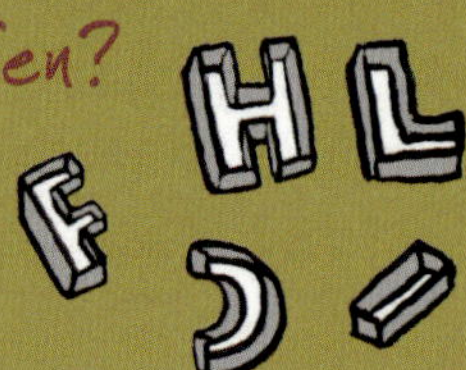

Warum soll ich zuerst die Karotte aufspießen? Weil sie von allen Zutaten am härtesten ist.

Gemüse-Raketen | Ab 6 Jahren

1. Wasche die Radieschen, Karotten und Weintrauben. Schäle die Karotten, schneide ihre Stielansätze und Wurzelspitzen weg.

2. Schneide die Salzstangerl und Radieschen in je 8 Scheiben sowie den Käse in 8 Würfel.

3. Spieße pro Rakete eine Karotte auf ein Holzspießchen – sie ist die Spitze der Rakete. Dann kommen eine Weintraube, ein Käsewürfel und eine Radieschenscheibe.

4. Die Brotscheibe ist der Abschluss der Rakete. Startklar zum Abheben!

Zutaten:
1 Salzstangerl oder Kornspitz,
2 große Radieschen,
1 Stück Gouda,
8 große Weintrauben,
8 kleine Karotten

Du brauchst:
Rohschäler,
Holzspießchen,
15 Minuten

Wo bekomme ich eine Zuckerrübe her? Dafür fragst du am besten bei einem Bauernhof nach. Die Erntezeit von Zuckerrüben ist im Oktober bzw. November.

Rübenlimonade

Ab 9 Jahren

1. Wasche die Rübe gut, reibe die Erde mit einem Schwamm ab.
2. Schneide sie in Stücke und entsafte sie mithilfe eines Entsafters.
3. Presse die Zitrone bzw. Limette aus und mische ihren Saft mit dem Rübensaft.
4. Spritze mit so viel Mineralwasser auf, wie es dir von der Süße her am besten schmeckt.

Zutaten:
1 Zuckerrübe,
1 Zitrone oder Limette,
prickelndes Mineralwasser

Du brauchst:
Entsafter, Zitruspresse,
15 Minuten

Und daraus wird wirklich weißer Zucker? In den Zuckerfabriken werden die Zuckerrüben klein geschnitten. Heißes Wasser löst aus diesen Stücken den Zucker. Dieser Zuckersaft wird erhitzt, das Wasser verdampft, der weiße Zucker bleibt übrig.

Karotten-Apfel-Salat | Ab 7 Jahren

1. Schäle die Karotten und rasple sie grob. Lass jedoch ein paar Scheiben zur Dekoration übrig.

2. Schäle den Apfel und rasple sein Fruchtfleisch rundherum so ab, dass nur mehr sein Gehäuse übrig bleibt.

3. Halbiere die Zitrone und drücke ihren Saft über die Karotten und den Apfel. Vermische alles schnell, damit der Apfel nicht braun wird. Rühre 2 EL Öl unter und würze mit Salz.

4. Richte den Salat an, bestreue ihn eventuell mit gerösteten Pinienkernen oder Nüssen und garniere ihn mit den Karottenscheiben.

Zutaten:
3 große Karotten,
1 saurer Herbstapfel,
1 Zitrone,
Salz, Nussöl

Du brauchst:
Rohschäler, Reibe,
15 Minuten

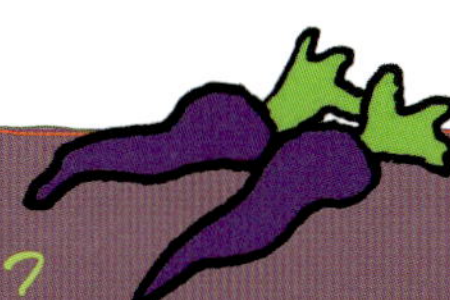

Warum sind diese Karotten lila?

Diese Karotten-Sorte heißt Purple-Haze, ist außen dunkelviolett und innen orange. Ursprünglich waren alle Karotten lila oder gelb, erst seit ungefähr 250 Jahren werden hauptsächlich orangenfarbene Sorten angebaut.

Erdäpfel-sorten

Erdäpfel oder Kartoffel – wie sagst du dazu?
Im Supermarkt findest du die Knollen jedenfalls fast immer unter der Bezeichnung Kartoffel. Und sie müssen nicht immer gelb sein. Rosa und blau sind zwar ungewöhnliche, aber durchaus traditionelle Farben für die gesunden Knollen.

Je nachdem, was du zubereiten willst, musst du dich beim Einkaufen für die richtige Sorte entscheiden:

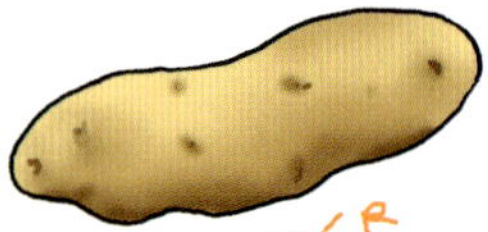

Festkochende Sorten bleiben beim Kochen schön fest und sind vor allem für einen richtig guten Salat wichtig. Manche verwenden auch das Wort „speckig" für festkochende Erdäpfel. Die bekannteste Sorte ist der „Kipfler".

Vorwiegend festkochende Sorten sind für fast alles einsetzbar. Man verwendet sie zum Beispiel für Petersilerdäpfel, zum Braten oder für Puffer. Eine der beliebtesten Sorten ist die „Ditta". Aus besonders großen Erdäpfeln macht man gerne „Ofenkartoffel". Dabei brät man sie als Ganze im Ofen und befüllt sie mit einer Sauerrahm-Sauce.

Mehligkochende Sorten enthalten besonders viel Stärke und zerfallen beim Kochen leicht. Sie sind daher ideal für Püree.

Erdäpfel ziehen | Ab 6 Jahren

1. Befülle den Tontopf locker mit Erde. Lege einen Erdapfel hinein, bedecke ihn mit Erde und drücke die Erde fest.

2. Stelle den Topf mitsamt Untersetzer an einen hellen Platz. Gieße die Erde gut. Achte darauf, dass sie immer leicht feucht ist, der Topf aber nie im Wasser steht.

3. Nach ein paar Wochen wirst du erste grüne Blattspitzen sehen. Die Pflanze wächst und bekommt Blüten.

4. Sobald die Pflanze verblüht ist, ziehe vorsichtig an den Stielen. Wenn du Glück hast, hängen an den Wurzeln mehrere kleine Erdäpfel.

Du brauchst:
keimfähige Erdäpfel,
Pflanzerde,
1 großer Ton-Blumentopf

Wachsen alle Erdäpfel in Töpfen? **Erdäpfel werden nicht in Töpfen gezogen, sondern auf großen Feldern angebaut. Maschinen helfen bei Anbau und Ernte.**

Knusprige Erdäpfel | Ab 7 Jahren

1. Schalte das Backrohr auf 220 °C. Bürste die Erdäpfel mit einem rauen Schwamm gut ab, bis sie sauber sind.

2. Halbiere sie längs und teile sie in kleine Spalten.

3. Belege das Backblech mit einem Bogen Backpapier. Verteile die Erdäpfelstücke darauf, beträufle sie mit Öl, würze sie mit Salz und, wenn du magst, auch mit Pfeffer und Paprikapulver.

4. Backe sie ca. 30 Minuten, bis sie knusprig und goldbraun sind. Du kannst die Erdäpfel mit Salat oder einfach mit Ketchup essen.

Zutaten (pro Person):
2–3 mittelgroße, festkochende Erdäpfel, Pflanzenöl, Salz

Du brauchst:
Küchenschwamm, Backrohr, Backblech, Backpapier, 45 Minuten

Welchen Schwamm soll ich dafür verwenden?

Du kannst dafür die raue Seite eines normalen Küchenschwamms verwenden. Nimm dazu aber unbedingt einen neuen Schwamm, damit keine Putzmittelreste auf die Erdäpfel gelangen.

Erdäpfelpuffer | Ab 10 Jahren

1. Schäle die Erdäpfel und rasple sie grob. Drücke die Masse mit den Händen fest aus.

2. Gib die Raspel in eine Schüssel und mische das Mehl dazu.

3. Erhitze Öl in einer Pfanne. Forme mit den Händen kleine Kugeln aus der Masse und setze sie in die Pfanne. Drücke sie mit einem Löffel flach.

4. Sobald die Puffer auf der einen Seite schön knusprig und hellbraun sind, drehe sie um und backe sie auf der zweiten Seite fertig. Lass sie auf einen Teller mit Küchenpapier abtropfen, salze sie. Am besten schmecken sie heiß.

Zutaten (pro Person):
1–2 große Erdäpfel,
2 EL Mehl,
Pflanzenöl,
Salz

Du brauchst:
Rohschäler, Schüssel,
Reibe, Pfanne,
15 Minuten

Erdäpfelgratin | Ab 8 Jahren

1. Wasche die Erdäpfel, schäle sie und schneide sie in gleichmäßige, ca. 5 mm dicke Scheiben. Schalte das Backrohr auf 200 °C.

2. Verrühre Obers und Milch, füge ½ TL Salz und je eine Prise Pfeffer und Muskatnuss dazu.

3. Streiche eine ofenfeste Form mit Butter aus und schlichte die Erdäpfelscheiben dachziegelartig hinein.

4. Übergieße die Erdäpfel mit der Milch-Mischung und reibe Parmesan darüber. Schiebe das Gratin ins Rohr und backe es ca. 30 Minuten.

Zutaten:
3 große, speckige Erdäpfel (ca. 500 g), 125 ml Milch, 125 ml Schlagobers, Salz, Pfeffer, geriebene Muskatnuss, Parmesan, Butter

Du brauchst:
Rohschäler, Schüssel, ofenfeste Form, Reibe, Schneebesen, Backrohr, 50 Minuten

Erdäpfelpüree | Ab 8 Jahren

1. Wasche die Erdäpfel, schäle sie und lege sie in einen großen Topf mit Wasser. Bringe das Wasser zum Kochen und lass die Erdäpfel bei geringer Hitze zugedeckt eine halbe Stunde weich werden.

2. Erwärme die Milch in einem Topf. Achte aber darauf, dass sie nicht überkocht.

3. Seihe die Erdäpfel ab und lass sie kurz im Topf ausdampfen. Gib sie in eine Schüssel, zerstampfe sie und gieße nach und nach die Milch dazu.

4. Rühre die Butter unter, würze mit Salz, Pfeffer und einer Prise geriebener Muskatnuss.

Zutaten:

800 g mehlige Erdäpfel,
250 ml Milch,
1–2 EL Butter,
geriebene Muskatnuss,
Salz, Pfeffer

Du brauchst:

Rohschäler, 1 Schüssel,
2 Töpfe (einer mit Deckel),
Erdäpfelstampfer,
30 Minuten

Warum kann ich die Milch nicht auf einmal dazugießen? Gibst du die Milch nach und nach dazu, kannst du das Püree genau so machen, wie du es am liebsten magst – von fest bis cremig. Aber Vorsicht: Es zieht nach, wird also fester, wenn es eine Weile steht.

Flammkuchen | Ab 10 Jahren

1. Verknete Mehl, Salz, Öl und Wasser mit den Händen zu einem glatten Teig. Forme ihn zu einer Kugel, gib ihn in eine Schüssel und decke diese zu. Schalte das Backrohr auf 220 °C.

2. Schäle die Zwiebeln, halbiere sie und schneide sie quer in dünne Ringe. Schneide den Speck in feine Streifen. Rühre die Crème fraîche glatt.

3. Teile die Teigkugel in vier Portionen, forme jede wieder zu einer Kugel und walke sie zu sehr dünnen (1–2 mm) Fladen aus. Lege jede Flade auf ein Stück Backpapier.

4. Bestreiche die Fladen mit Crème fraîche, belege sie mit Zwiebeln und Speck. Backe sie nacheinander im heißen Ofen (mit Umluft ca. 10 Minuten), bis sie schön knusprig sind.

Zutaten:
300 g Mehl,
½ TL Salz,
2 EL Olivenöl,
150 ml Wasser,
200 g Crème fraîche,
200 g Speck,
3 rote Zwiebeln

Du brauchst:
Backblech, Backrohr,
Backpapier,
1½ Stunden

Wie lange müssen die Nudeln kochen? Üblicherweise findest du eine Kochanleitung auf der Nudelpackung. Penne brauchen meist 8–12 Minuten. Aber am besten, du fischst dir nach einigen Minuten vorsichtig eine Nudel aus dem Wasser und kostest, ob sie schon weich genug ist.

Broccoli-Pasta-Auflauf | Ab 10 Jahren

1. Bringe Wasser in einem Topf zum Kochen. Gib dann 1 TL Salz und die Nudeln hinein.

2. Wasche den Broccoli und schneide die Röschen ab. Schäle den Stiel, schneide ihn in Würfel. Gib diese Stielstücke zu den Nudeln ins Kochwasser, und zwar 5 Minuten, bevor diese fertig sind. Schütte 2 Minuten später auch die Röschen dazu.

3. Seihe Nudeln und Broccoli ab und fülle sie in eine mit Butter ausgestrichene Auflaufform.

4. Verrühre Obers und Pesto, würze mit Salz und Pfeffer. Gieße die Mischung über die Nudeln. Streue viel geriebenen Käse darüber und backe den Auflauf 20–30 Minuten bei 200 °C.

Zutaten:
300 g Penne,
1 frischer Broccoli,
250 ml Schlagobers,
1 EL Basilikum-Pesto,
Käse zum Überbacken,
Salz, Pfeffer, Butter

Du brauchst:
1 Topf, Sieb, 1 Schüssel,
Auflaufform, Backrohr,
50 Minuten

Kann ich für die Suppe auch andere Kürbissorten verwenden? Im Grunde kann man aus jedem Kürbis Suppe kochen. Ein Hokkaido schmeckt jedoch besonders gut, außerdem brauchst du ihn nicht schälen.

Kürbissuppe

Ab 8 Jahren

1. Wasche den Kürbis, schneide Stiel und Boden ab. Halbiere ihn und löffle seine Kerne heraus.

2. Schneide den Kürbis zuerst in Spalten und dann in kleine Stücke. Schäle die Zwiebel und schneide sie in kleine Würfel.

3. Zerlasse die Butter in einem Topf und schwitze die Zwiebel darin glasig an. Gib den Kürbis dazu und würze mit Salz, Pfeffer und einer Prise Zimt. Gieße mit 1 l Wasser oder mit klarer Gemüsesuppe auf und lass das Gemüse 15 Minuten köcheln. Püriere dann die Suppe.

4. Reibe ein ca. 2 cm dickes Ingwer-Stück klein, drücke mit den Fingern den Saft aus und rühre diesen unter die Suppe. Schmecke noch einmal mit Salz und Pfeffer ab.

Zutaten:
1 Hokkaidokürbis, 1 kleine Zwiebel, 20 g Butter, Salz, Pfeffer, Ingwer, Zimt

Du brauchst:
Topf, Pürierstab (oder Standmixer), Reibe, 30 Minuten

Kürbisspaghetti

Ab 8 Jahren

1. Nimm einen großen Topf, in den der Kürbis gut hineinpasst. Bring darin Wasser zum Kochen. Lege den Kürbis hinein und lass ihn ca. 40 Minuten zugedeckt sanft kochen.

2. Nimm den Kürbis aus dem Wasser und halbiere ihn. Schneide mit einem kleinen Messer die Kernzone heraus.

3. Zerfranse nun das Fruchtfleisch mit einer Gabel zu dünnen Spaghetti.

4. Mische Butter unter die Kürbisspaghetti und würze sie mit Salz. Reibe Parmesan darüber. Die Kürbisspaghetti schmecken auch mit Paradeissauce oder mit Pesto gut.

Zutaten:
1 kleiner Spaghettikürbis (ca. 1 kg), Butter, Salz, Parmesan

Du brauchst:
1 großer Topf mit Deckel, 1 Stunde

Kann man aus allen Kürbissen solche Spaghetti machen?

Nein! Der Spaghettikürbis ist eine ganz spezielle Kürbis-Sorte, dessen Fruchtfleisch sehr fasrig ist. Du findest ihn unter der Bezeichnung „Spaghettikürbis“ auf Märkten, manchmal auch im Supermarkt.

Kürbissorten

Der Kürbis stammt ursprünglich aus Mexiko. Dort wurden Samen gefunden, die über 10.000 Jahre alt sind. Nach der Entdeckung Amerikas durch Christoph Kolumbus kamen die Kürbisse mit den Seefahrern nach Europa.

Viele verschiedene Sorten Inzwischen gibt es weltweit Hunderte Sorten, und ständig werden es mehr. Essen kann man die meisten von ihnen, aber nicht alle schmecken gleich gut. Übrigens sind auch Zucchini Kürbisse.

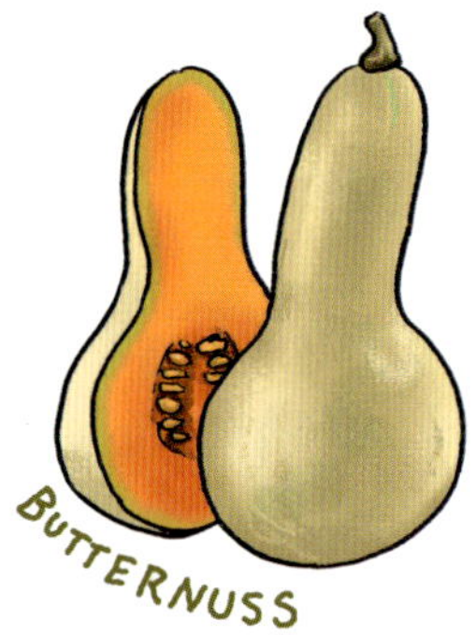

Rekorde, Rekorde, Rekorde Der schwerste Kürbis, der jemals gewogen wurde, brachte über tausend Kilogramm auf die Waage.

Hendl & Kürbis vom Blech | Ab 10 Jahren

1. Schalte das Backrohr auf 200 °C. Wasche Fleisch, Erdäpfel und Kürbis ab, tupfe alles trocken. Reibe das Fleisch mit Salz ein.

2. Halbiere den Kürbis, löffle die Kerne heraus. Schneide ihn in Spalten. Viertle die Erdäpfel. Schäle die Knoblauchzehen.

3. Fette eine ofenfeste Form mit 2 EL Öl ein, verteile die Erdäpfel- und Kürbisstücke darin. Gib Knoblauch und ein Ästchen Rosmarin dazu, würze mit Salz. Mische nun mit den Händen alles gut durch.

4. Lege die Hendlhaxerln auf das Gemüse und schiebe alles für ca. 45 Minuten ins Backrohr.

Zutaten:
8 Hendl-Haxerl (Unterkeulen), 4 mittelgroße Erdäpfel, 1 Hokkaidokürbis, Salz, Olivenöl, 1 Ästchen Rosmarin, 3 Knoblauchzehen

Du brauchst:
Backrohr, ofenfeste Form, 1 Stunde

Tipp: **Wenn du rohes Hühnerfleisch verarbeitest, musst du anschließend alles, was damit in Berührung gekommen ist, sorgfältig und möglichst heiß waschen. Auch deine Hände.**

Halloween-Gebiss

Ab 7 Jahren

1. Wasche die Äpfel, halbiere sie. Schneide sie in 2–3 cm dicke Spalten und entferne das Kerngehäuse.

2. Lege jeweils 2 Apfelspalten so aufeinander, dass sie wie Lippen aussehen.

3. Stecke die Marshmallows als Zähne dazwischen. Wenn nötig, schneide sie mit einer Schere oder einem Messer zurecht.

4. Lege deine Halloween-Gebisse auf Teller und garniere sie mit Erdbeer- oder Himbeersauce.

Zutaten:
2 rote Äpfel, Minimarshmallows, Erdbeer- oder Himbeersauce

Du brauchst:
10 Minuten

Gruselhand

Zutaten: Himbeersirup, Wasser
Du brauchst: Gummihandschuh, Tiefkühler

Halloween-Gruselfinger

Ab 9 Jahren

1. Bringe in einem Topf Wasser zum Kochen und lege die Würstel hinein. Drehe dann die Hitze zurück – die Würstel sollen nur ziehen.

2. Hebe sie nach ca. 5 Minuten aus dem Wasser und halbiere sie.

3. Schneide die Kuppen flach bzw. schräg ab und lege als „Fingernagel" je eine Mandel auf die Schnittflächen.

4. Lege jeweils 2 oder 3 Finger auf einen Teller und überdecke die abgeschnittenen Enden mit Ketchup. Serviere die Gruselfinger möglichst noch heiß.

Zutaten:
Würstel,
geschälte Mandeln,
Ketchup

Du brauchst:
Topf,
15 Minuten

1. Wasche den Gummihandschuh sowohl innen als auch außen. Befülle ihn mit Himbeersaft und binde ihn gut zu. 2. Lege ihn über Nacht in den Tiefkühler. 3. Löse am nächsten Tag den Gummihandschuh vorsichtig vom gefrorenen Saft. 4. Erschrecke deine Freunde damit, anschließend kannst du die Hand wie ein Eis schlecken.

Schnitzerl

Ab 10 Jahren

1. Schneide das Fleisch in 1–2 cm dicke Scheiben. Umwickle sie mit Frischhaltefolie und klopfe sie leicht flach. Entferne die Folie wieder und salze die Schnitzel auf beiden Seiten.

2. Befülle drei Suppenteller: einen mit Mehl, einen mit verschlagenem Ei, einen mit Brösel.

3. Wende das erste Fleischstück zuerst im Mehl, ziehe es dann durchs Ei und lege es zuletzt von beiden Seiten in die Brösel, drücke die Brösel leicht an. Lege es auf ein Brett. Paniere so viele Schnitzerln, wie auf einmal in die Pfanne passen.

4. Lass das Butterschmalz in einer Pfanne bei sanfter Hitze schmelzen. Lege die Schnitzerln vorsichtig ins heiße Fett und backe sie, bis sie hellbraun sind. Schwenke dabei die Pfanne immer wieder leicht. Drehe dann die Schnitzerln um und backe sie auf der zweiten Seite fertig. Lass sie auf Küchenpapier abtropfen.

Zutaten:
1 Schweinslungenbraten,
Mehl,
2–3 Eier (Größe m),
Semmelbrösel, Salz,
200 g Butterschmalz

Schnitzerl kann man aus verschiedenen Fleischsorten herstellen, ein Lungenbraten ist allerdings am einfachsten zu verarbeiten.

Du brauchst:
1 Pfanne,
Frischhaltefolie,
30 Minuten

Was mache ich mit den Innereien aus dem Packerl? In diesem Packerl befinden sich jene Teile des Hendls, die nicht zum Braten gedacht sind: Herz, Magen, Hals, Leber. Die Leber schmeckt – kurz in Öl oder Butter gebraten – ganz großartig. Die anderen Teile frierst du am besten ein: für die nächste Hühnersuppe.

Brathendl

Ab 10 Jahren

1. Falls sich im Bauch des Hendls ein Packerl mit Innereien befindet, ziehe dieses heraus. Wasche nun das Hendl innen und außen mit kaltem Wasser und tupfe es anschließend trocken.

2. Schalte das Backrohr auf 200 °C. Reibe das Hendl innen und außen großzügig mit Salz ein.

3. Lege das Hendl mit der Brustseite nach unten in eine feuerfeste Form. Stecke die Rosmarin-Ästchen in den Bauch. Schäle die Schalotten, viertle sie und lege sie rund um das Hendl in die Form. Gieße ¼ l Wasser dazu.

4. Stelle das Hendl ins Backrohr und brate es ca. 40 Minuten. Übergieße es dabei öfters mit dem Saft aus der Form. Drehe das Hendl dann um und brate es ca. 20 Minuten fertig.

Zutaten:
1 kleines, frisches, bratfertiges Hendl (am besten bio),
3 Ästchen Rosmarin,
2–3 Schalotten,
Salz

Du brauchst:
1 Bratpfanne,
Backrohr,
1 Stunde

Welche Früchte kann ich sonst noch verwenden? **Im Herbst Birnen oder Zwetschken, im Frühling Erdbeeren und im Sommer Marillen oder Beeren.**

Apfelstreusel

Ab 10 Jahren

1. Schäle die Äpfel, viertle sie und entferne ihr Kerngehäuse. Schneide sie in dünne Scheiben. Presse die Orange aus und vermische ihren Saft mitsamt einer Prise Zimt mit den Äpfeln. Schalte das Backrohr auf 180 °C.

2. Streiche eine Auflaufform mit Butter aus. Schlichte die Äpfel hinein.

3. Schneide die Butter in kleine Stücke und zerbrösle sie gemeinsam mit Mehl, Zucker und Mandeln mit den Fingern, sodass kleine Bröckerl (Streusel) entstehen.

4. Verteile die Streusel über die Äpfel und drücke sie leicht an. Backe den Auflauf ca. 45 Minuten. Am besten schmeckt er lauwarm mit ein bisschen Schlagobers.

Zutaten:

5 große Äpfel,
Zimt,
1 Orange,
100 g Mehl,
100 g Butter,
100 g Zucker,
100 g geriebene Mandeln

Du brauchst:

Auflaufform,
Zitruspresse,
Backrohr,
1 Stunde

Apfelradln | Ab 8 Jahren

1. Verschlage Eier, Milch und eine Prise Salz. Streue das Mehl ein und rühre so lange, bis sich alle Klumpen aufgelöst haben.

2. Stich das Gehäuse aus den Äpfeln, schäle sie und schneide sie in ca. 1 cm dicke Scheiben.

3. Erhitze zwei Finger hoch Öl in einer Pfanne. Ziehe ein Apfelradl nach dem anderen durch den Teig und lege sie vorsichtig ins Öl – jeweils nur so viele, wie in der Pfanne gut Platz haben. Drehe sie nach ein paar Minuten um und backe sie fertig. Sie sollen schön goldbraun sein.

4. Hebe die Radln aus dem Fett, lass sie auf Küchenpapier gut abtropfen. Bestreue sie mit Zucker und gemahlenem Zimt. Warm schmecken sie am besten.

Zutaten:
3 große Äpfel,
2 Eier (m),
250 ml Milch,
200 g glattes Mehl,
Salz, Öl,
Staubzucker,
Zimt

Du brauchst:
Schüssel, Pfanne,
Schneebesen, Rohschäler,
Gehäuse-Ausstecher,
30 Minuten

Welche Äpfel soll ich verwenden?

Am besten schmecken die Radeln, wenn du feste, säuerliche Herbst-Äpfel nimmst wie z. B. Topaz oder Boskoop.

Apfel-sorten

Apfel ist nicht gleich Apfel. Weltweit schätzen Expertinnen und Experten die Zahl der Sorten sogar auf über 20.000.

Verschiedene Erntezeiten Die einen sind schon im Hochsommer erntereif und müssen schnell gegessen werden, die anderen pflückt man erst im Oktober, dafür sind sie bis in den Frühling hinein haltbar.

Voller Vitamine Von säuerlich bis süß, von fest bis mürb – jeder schmeckt ein wenig anders. Aber für alle gilt: Sie enthalten viele für uns Menschen wichtige Vitamine. Wobei in der Schale viel mehr von den gesunden Stoffen stecken als im Fruchtfleisch.

Apfelkompott | Ab 7 Jahren

Zutaten:
3 große Äpfel,
1 Zimtstange,
5 Gewürznelken,
3 EL Holunderblütensirup,
3 EL Zucker

Du brauchst:
1 Topf mit Deckel,
30 Minuten

1. Fülle ca. ½ l kaltes Wasser in einen kleinen Topf.

2. Viertle den ersten Apfel. Schäle ihn und entferne sein Gehäuse. Lege die fertigen Viertel sofort ins kalte Wasser, so werden sie nicht braun.

3. Sobald alle Apfelspalten im Wasser liegen, gib die Gewürznelken und die Zimtstange dazu. Rühre Sirup und Zucker unter.

4. Bringe das Kompott zum Kochen und lass es 3 Minuten köcheln. Nimm es dann vom Herd, lass es zugedeckt ziehen und auskühlen.

Tipp: **Wenn du das Kompott pürierst, wird es zu Mus. Vor dem Pürieren solltest du aber unbedingt die Gewürze herausfischen.**

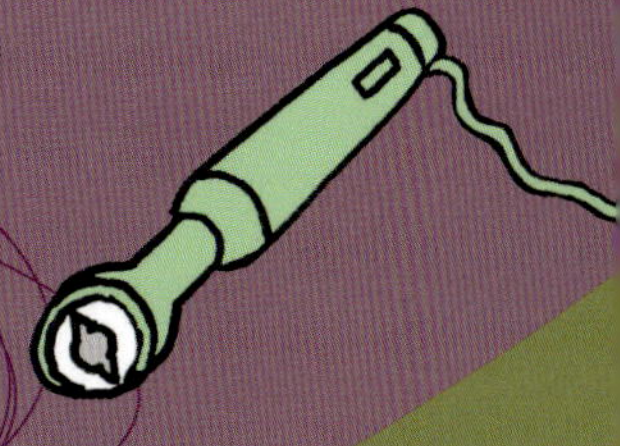

Flaumiger Birnenkuchen

Ab 10 Jahren

1. Wasche die Birnen. Viertle sie und entferne ihre Gehäuse. Schäle sie, schneide sie in Spalten und beträufle sie mit Zitronensaft. Schalte das Backrohr auf 180 °C.

2. Schlage Eier und Zucker so lange, bis eine hellgelbe, luftige Masse ensteht. Versiebe Mehl und Backpulver, hebe beides vorsichtig unter die Masse. Stelle die Butter in einer kleinen Metallschüssel ins Backrohr und erhitze sie, bis sie flüssig ist. Rühre sie behutsam ein.

3. Streiche eine Form gut mit Butter aus. Fülle die Hälfte des Teiges hinein. Verteile die Birnen darauf und bestreue sie mit Vanillezucker.

4. Gieße den restlichen Teig darüber und streiche ihn glatt. Backe den Kuchen ca. 1 Stunde.

Zutaten:
3–4 Birnen,
4 Eier (m),
180 g Zucker,
180 g Mehl,
180 g Butter,
1 TL Backpulver,
1 Packerl Vanillezucker,
Saft von 1 Zitrone

Du brauchst:
Schüssel, Schneebesen oder Handmixer, Backform, Backrohr, 1½ Stunden

Was heißt „schaumig schlagen"? Dabei verrührst du Eier und Zucker mit einem Mixer oder einem Schneebesen so kräftig miteinander, dass du viel Luft in die Masse schlägst. Dadurch wird der Kuchen später fein flaumig.

Kann ich das auch mit Äpfeln machen? Die Masse eignet sich gut zum Experimentieren. Schau, welche Früchte es gerade frisch zu kaufen gibt und probiere aus.

Birnenwähe

Ab 8 Jahren

1. Schalte das Backrohr auf 180 °C. Wasche die Birnen, schäle sie, achtle sie und entferne ihr Gehäuse.

2. Rolle den Blätterteig aus, lege ihn in eine Backform. Verteile die Mandeln darauf.

3. Belege den Teig dicht mit den Birnenspalten. Backe die Wähe ca. 25 Minuten.

4. Versprudle Eier, Obers und Zucker. Ziehe die Wähe vorsichtig aus dem Backrohr, verteile den Überguss darauf und backe sie ca. 20 Minuten fertig.

Zutaten:
1 Rolle Bio-Dinkel-Blätterteig,
3–4 große, feste Herbstbirnen (500 g),
3 EL geriebene Mandeln,
2 Eier (m),
3 EL Zucker,
125 ml Schlagobers

Du brauchst:
Backform, Backrohr,
1 Stunde

Was ist denn eine Wähe?
Das ist ein Kuchen, wie er in der Schweiz gemacht wird.

Mohn-Becherkuchen | Ab 7 Jahren

1. Löffle die beiden Becher Joghurt in eine Schüssel. Wasche einen der Becher aus und trockne ihn gut ab. Schalte das Backrohr auf 180 °C.

2. Miss mithilfe des Bechers Mohn, Zucker und Mehl in die Schüssel, rühre alles gut durch.

3. Schlage die Eier auf, rühre sie unter die Masse. Mische Öl, Vanillezucker und eine Prise Salz dazu.

4. Streiche die Masse auf ein mit Backpapier ausgelegtes Blech und backe sie ca. 30 Minuten. Das wird ein ganz flacher, saftiger Kuchen. Lass ihn auskühlen und schneide ihn dann in kleine Stücke.

Zutaten:
je 2 Becher Naturjoghurt (3,6 %), gemahlener Mohn, Kristallzucker und Mehl

4 Eier (m),
1 Becher Sonnenblumenöl,
1 Packerl Vanillezucker,
Salz

Du brauchst:
Schüssel, Schneebesen, Backblech, Backpapier, Backrohr,
1 Stunde

Warum muss der Mohn gemahlen sein? **Die kleinen Mohnkörner sind die Samen der Mohnpflanze. Ihr gutes Aroma entfaltet sich erst, wenn du sie mahlst bzw. quetschst. Dazu brauchst du eine Mohnmühle. Du kannst Mohn auch gemahlen kaufen, frisch gequetscht schmeckt er aber besser.**

Was ist ein Wasserbad? Dafür stellst du einen mit Wasser gefüllten Topf auf den Herd und darauf eine Metallschüssel, die genau auf die Öffnung passt. Erhitzt du nun das Wasser, beginnt es zu verdampfen und dieser Dampf erhitzt die Metallschüssel. Wasserbäder eignen sich für Lebensmittel, die leicht anbrennen, zum Beispiel für Schokolade.

Zwetschkentarte

Ab 7 Jahren

1. Schalte das Backrohr auf 180 °C. Rolle den Mürbteig aus und drücke ihn in eine gebutterte Tarte-Form.

2. Halbiere die Zwetschken und entferne ihre Kerne. Belege den Teig ganz dicht (überlappend) mit den Früchten. Backe die Tarte ca. 1 Stunde.

3. Erhitze in einem Wasserbad das Gelee so lange, bis es flüssig ist. Nimm die Tarte aus dem Ofen und bestreiche die Früchte mit dem Gelee.

4. Lass die Tarte überkühlen. Am besten servierst du sie lauwarm mit Vanilleeis.

Zutaten:
1 Rolle Mürbteig, ca. 750 g kleine, reife Zwetschken, 5 EL Johannisbeergelee, Butter

Du brauchst:
Tarte-Form, 1 Topf, 1 Metallschüssel, Backrohr, 1½ Stunden

Palatschinken (Basis) | Ab 7 Jahren

1. Verschlage Eier, Milch und eine Prise Salz. Streue nach und nach das Mehl ein und rühre den Teig so lange, bis sich alle Klumpen aufgelöst haben.

2. Schmelze ein kleines Stück Butter in einer Pfanne, sie soll aber nicht zu heiß werden. Gieße nun einen Schöpfer Teig hinein und verteile ihn über dem Pfannenboden, indem du die Pfanne hin und her schwenkst.

3. Sobald die Palatschinke auf der Unterseite leicht braun ist, wende sie mit einer Palette. Oder du drehst sie in der Luft, indem du sie mit Schwung in die Höhe schupfst. Das musst du aber üben!

4. Backe die Palatschinke kurz fertig und lass sie dann vorsichtig auf einen Teller gleiten. Bestreiche sie mit einer Fülle deiner Wahl und rolle sie ein.

Zutaten:
2 Eier (m),
250 ml Milch,
120 g glattes Mehl,
Salz, Butter

Du brauchst:
1 Schüssel, 1 Pfanne
(am besten eignet sich eine beschichtete Pfanne mit einem sehr niedrigen Rand; es gibt aber auch eigene Palatschinkenpfannen),
Palette,
15 Minuten

Womit können Palatschinken gefüllt werden?

Süß: Marmeladen, Staubzucker & Zitrone, Nutella, Eis, Nussfülle (koche dafür geriebene Nüsse mit Milch, Honig und Rosinen auf), dazu Schlagobers und Schokosauce …

Pikant: Frischkäse, geriebener Hartkäse, Pesto, Gemüsewürfel, Schinken, Pilze, Paradeisersauce …

Wie wende ich am besten die Palatschinke?

Du kannst Palatschinken entweder mit einer Palette oder einem Pfannenwender umdrehen. Oder du bist mutig und versuchst sie in der Luft zu drehen. Dazu schupfst du die Palatschinke mit etwas Schwung in die Höhe und fängst sie anschließend mit der Pfanne wieder auf.

Braune Palatschinken | Ab 7 Jahren

1. Versprudle die Milch mit dem Kakaopulver, dem Mehl und mit je einer Prise Zimt und Salz. Schlage die Eier auf und rühre sie unter.

2. Schmelze ein kleines Stück Butter in einer Pfanne, gieß einen Schöpfer Teig hinein und lass ihn verrinnen, sodass er den gesamten Pfannenboden bedeckt.

3. Sobald er Blasen wirft, drehe ihn um und backe ihn auf der zweiten Seite kurz fertig. Staple die fertigen Palatschinken auf einem Teller.

4. Bestreiche die Palatschinken mit Kirschen- oder Preiselbeermarmelade, falte sie zweimal zusammen. Dazu passt gut ein Klecks Schlagobers.

Zutaten:
2 Eier (m),
250 ml Milch,
120 g glattes Mehl,
Salz,
2 EL Kakaopulver,
Butter,
Zimt

Du brauchst:
1 Schüssel, 1 Pfanne,
Palette,
15 Minuten

Grüne Palatschinken | Ab 10 Jahren

1. Wasche den Spinat ein paar Mal gut durch, lass ihn abtropfen. Gib ihn gemeinsam mit der Milch in eine Schüssel und püriere ihn fein.

2. Rühre die grüne Milch mit dem Mehl glatt. Schlage die Eier dazu und rühre eine Prise Salz unter.

3. Putze den Paprika und schneide ihn in sehr kleine Würfel, verrühre ihn mit dem Frischkäse. Gib etwas Salz und Pfeffer dazu.

4. Backe aus dem Teig dünne Palatschinken, bestreiche sie mit der Frischkäsefülle und rolle sie ein. Am besten isst du sie heiß.

Zutaten:
100 g junge Spinatblätter,
120 g Mehl,
250 ml Milch,
Salz, Pfeffer,
2 Eier (m),
3–4 EL Frischkäse,
1 roter Spitzpaprika,
Pflanzenöl

Du brauchst:
Standmixer oder Pürierstab,
1 Schüssel, 1 Pfanne,
20 Minuten

Heiße Schokolade | Ab 10 Jahren

1. Schneide die Vanilleschote der Länge nach auf und schabe das Mark heraus. Gieße ¾ l Milch in einen Topf und gib das Vanillemark dazu. Lass die Milch aufkochen.

2. Hacke die Schokolade in kleine Stücke. Schöpfe ca. ein Viertel der heißen Milch in einen zweiten Topf und lass die Schokolade darin unter Rühren schmelzen.

3. Rühre den Zucker unter und gieße die restliche heiße Milch dazu.

4. Erwärme den übrigen ¼ l Milch und schäume sie auf. Verteile die heiße Schokolade auf hitzebeständige Gläser und verziere sie mit einem Gupf Milchschaum, den du mit Zimt bestreust.

Zutaten:
1 Vanilleschote,
1 l Milch,
100 g Zartbitterschokolade,
3 EL Zucker, Zimt

Du brauchst:
2 Töpfe,
evtl. Milchschäumer,
15 Minuten

Was ist eine Vanilleschote? Die Vanilleschote ist die Frucht einer tropischen Pflanze. In ihrem Inneren befinden sich winzige Samen – das Vanillemark. Die ganze Schote riecht und schmeckt sehr intensiv und kann gut zum Würzen verwendet werden. Wenn du die leere Schote in ein Glas mit Zucker legst, hast du nach ein paar Tagen Vanillezucker.

Was ist ein Spritzsack? Das ist ein Werkzeug, das in der Konditorei verwendet wird. Es besteht aus einem dreieckigen, festen Gewebe, das oben eine große und unten eine ganz kleine Öffnung mit einer Spritztülle hat. Ersatzweise kannst du dafür auch einfach einen Gefrierbeutel verwenden, bei dem du nach dem Einfüllen des Teiges unten ein kleines Eck abschneidest.

Butterkekse

Ab 10 Jahren

1. Schalte den Ofen auf 180 °C. Rühre die Butter mit dem Zucker schaumig.

2. Schlage die Eier in einer kleinen Schüssel auf und verquirle sie. Rühre sie nach und nach in die Butter-Zucker-Mischung.

3. Hebe das Mehl unter und rühre den Teig so lange, bis eine glatte Masse entsteht. Wenn du willst, kannst du sie noch mit ein wenig Vanillepulver, gemahlenem Zimt, Ingwer oder abgeriebener Zitronenschale würzen.

4. Fülle den Teig in einen Spritzsack und tupfe kleine Klekse auf ein mit Backpapier ausgelegtes Blech. Backe die Kekse ca. 10 Minuten.

Zutaten:
250 g zimmerwarme Butter,
200 g Staubzucker,
3 zimmerwarme Eier (m),
250 g glattes Mehl,
Salz

Du brauchst:
Handmixer, Schüssel, Backrohr, Backblech, Spritzsack,
1 Stunde

ter

Beerenpunsch

Ab 9 Jahren

1. Gieße 1 l Wasser in einen Topf, füge die Zimtstange und die Gewürznelken hinzu und bringe alles zum Kochen.

2. Nimm den Topf vom Herd, hänge die Früchtetee-Sackerln hinein und lass den Tee anschließend 10 Minuten ziehen.

3. Rühre den Kirschensaft sowie die Beeren unter und koche alles kurz auf. Presse die Orange aus und füge ihren Saft hinzu.

4. Süße den Punsch mit Agavendicksaft, Honig oder Zucker. Am besten schmeckt er, wenn er noch heiß ist.

Zutaten:
3 Sackerl Früchtetee, 1 Orange, 1 Zimtstange, 5 Gewürznelken, 200 g gemischte Beeren (tk), 250 ml Kirschensaft, Agavendicksaft (bzw. Honig oder Zucker)

Du brauchst:
Topf, Zitruspresse, 20 Minuten

Was ist eigentlich Zimt?

Zimt wird aus der Rinde des Zimtbaums gewonnen, der in den Tropen wächst. Beim Trocknen rollt sich diese Rinde zusammen und bekommt so ihre typische Form. Zimt kannst du in Stangen oder auch gemahlen kaufen.

Kann ich für diese Creme auch Orangen verwenden? Ja, klar. Wenn du Blutorangen verwendest, erhält sie eine tolle Farbe.

Mandarinencreme

Ab 8 Jahren

1. Schneide die Mandarinen in der Mitte auseinander und presse so viele von ihnen aus, bis du ¼ l Saft hast.

2. Presse auch die Zitrone aus. Mische 2 EL von ihrem Saft in den Mandarinensaft und rühre alles gemeinsam mit der Speisestärke glatt.

3. Rühre den Zucker in ¼ l Wasser und bringe es zum Kochen. Mische den Mandarinensaft dazu und lass alles noch einmal aufkochen. Nimm dann den Topf vom Herd und lass die Mischung auskühlen.

4. Schlage das Schlagobers steif und hebe es vorsichtig unter die kalte Creme. Besonders hübsch sieht es aus, wenn du sie in einer halben Mandarinenschale servierst.

Zutaten:

5–6 Mandarinen,
125 g brauner Rohrzucker,
1 Zitrone,
35 g Speisestärke,
250 ml Schlagobers

Du brauchst:

Zitruspresse, Topf,
2 Schüsseln,
Schneebesen,
20 Minuten
(+ 1 bis 3 Stunden zum Auskühlen)

Kekse mit bunten Fenstern | Ab 7 Jahren

1. Schalte das Backrohr auf 180 °C. Gib alle Zutaten (außer den Gummibärchen) in eine Schüssel und knete alles so lange fest durch, bis ein glatter Teig entstanden ist.

2. Rolle den Teig auf einer bemehlten Fläche ca. 3 mm dick aus. Stich verschiedene Formen aus und stich in deren Mitte jeweils ein Loch von 1–2 cm Durchmesser.

3. Lege die Teigstücke auf ein mit Backpapier ausgelegtes Blech. Befülle die Löcher in den Keksen mit je einem Gummibärchen. Backe die Kekse ca. 15 Minuten.

4. Hole die Kekse aus dem Ofen. Sobald die geschmolzenen Gummibärchen wieder fest sind, nimm die Kekse vom Blech und lass sie vollständig auskühlen.

Zutaten:
115 g weiche Butter,
55 g Staubzucker,
175 g glattes Mehl,
2 EL Milch,
Gummibärchen

Du brauchst:
1 Schüssel, Nudelwalker, Backpapier, Backrohr, Backblech, Ausstechformen,
1 Stunde

Schokonüsse

Ab 8 Jahren

1. Knacke die Nüsse vorsichtig auf. Achte darauf, dass die Stücke möglichst groß bleiben (ganze oder halbe Nusskerne).

2. Lege sie nebeneinander auf ein mit Backpapier ausgelegtes Blech oder Brett. Forme aus zerbrochenen Nusskernen kleine Häufchen.

3. Erwärme die beiden Schokoladen im Wasserbad in getrennten Gefäßen, bis sie flüssig sind. Beträufle dann die Nüsse damit. Lass die Schokonüsse kalt und hart werden.

4. Wenn du sie in Cellophan-Sackerln füllst und mit einem hübschen Faden zubindest, wird ein nettes Geschenk daraus.

Zutaten:
500 g ganze Walnüsse,
100 g dunkle Schokolade,
100 g Milchschokolade

Du brauchst:
Nussknacker, 1 Topf,
2 Metallschüsseln,
Backblech oder Brett,
evtl. Cellophan-Sackerl,
30 Minuten (+ Zeit zum Erkalten)

Was ist ein „glatter" Teig?

Ein Teig ist dann glatt, wenn alle Zutaten so gut miteinander vermischt sind, dass man keine Klumpen mehr sieht oder spürt.

Kann ich auch etwas anderes einfüllen? Du kannst auch Marzipan, Rosinen oder Nüsse verwenden.

Apfelhaus

Ab 7 Jahren

1. Nimm einen Spieß und stecke auf dessen Enden je einen Apfel.

2. Stecke nun 2 Äpfel mit weiteren Spießen so dazu, dass du ein Quadrat erhältst.

3. Baue dein Häuschen mit 4 Äpfeln weiter, bis du eine Art Würfel hast.

4. Bilde zuletzt das Dach: Stecke dazu vier Spieße so schräg in den letzten Apfel, dass du das Dach gut auf das Häuschen setzen kannst. Hänge Süßigkeiten oder Kekse (Vanillekipferl, Lebkuchenbrezeln …) in dein Häuschen.

Zutaten:
9 kleine rote Äpfel, verschiedene Süßigkeiten oder Kekse

Du brauchst:
16 Holzspieße,
Faden,
15 Minuten

Bratäpfel | Ab 7 Jahren

1. Streiche eine feuerfeste Form gut mit Butter aus. Schalte das Backrohr auf 200 °C.

2. Zerbrösle die Biskotten und rühre sie gemeinsam mit den Mandelsplittern zur Marmelade. Füge eine Prise Zimt dazu.

3. Wasche die Äpfel und schneide ihre Kappen ab. Stich vorsichtig ihr Gehäuse aus. Fülle die Marmeladenmasse in die Äpfel und lege die Kappen wieder darauf.

4. Setze die Äpfel in die Form und lege jeweils ein Butterflöckchen darauf. Gieße den Saft in die Form. Backe die Bratäpfel ca. 30 Minuten. Am besten schmecken sie heiß mit Vanillesauce.

Zutaten:
4 feste, säuerliche Äpfel (z. B. Topaz, Boskoop), 2 EL Preiselbeer- oder Marillenmarmelade, 4 Biskotten, 2 EL Mandelsplitter, Zimt, 125 ml Apfelsaft, Butter

Du brauchst:
feuerfeste Form, Backrohr, Gehäuse-Ausstecher, 45 Minuten

Was ist ein Gehäuse-Ausstecher? Das ist eine Art Messer, dessen Schneide rund gebogen ist. Man setzt ihn oben an den Apfel an, dreht ihn dann mit Druck durch das Fruchtfleisch, und wenn alles gut geht, steckt dann das Gehäuse im Ausstecher.

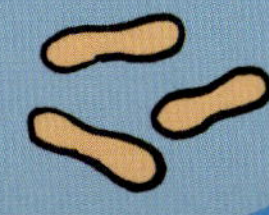

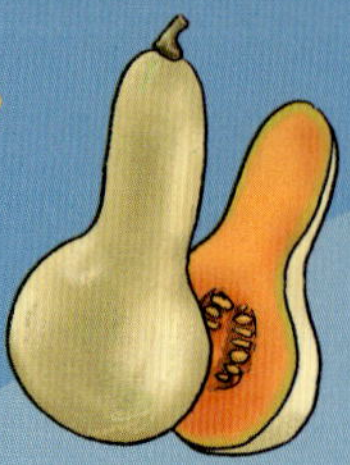

Warum soll ich einen Butternuss-Kürbis verwenden?

Die Kerne des Butternuss-Kürbis stecken nur im dicken unteren Drittel. Der „Hals“ hingegen besteht aus dichtem, festem Fruchtfleisch und daraus lassen sich gut Scheiben schneiden.

Pikante Sterne

Ab 9 Jahren

1. Schalte das Backrohr auf 200 °C. Wasche den Kürbis und die Erdäpfel und schäle sie mit einem Rohschäler.

2. Schneide beides in ca. 3–4 mm dicke Scheiben. Stich mit einem Keksausstecher Sterne aus. Die Reste kannst du für Suppe oder Püree verwenden.

3. Verrühre das Öl mit einer großen Prise Salz und mit einer kleinen Prise Paprikapulver und streiche es mit den Fingern auf die Sterne. Lege die Sterne auf ein mit Backpapier ausgelegtes Blech.

4. Backe sie ca. 25 Minuten. Ziehe das Backblech vorsichtig aus dem Ofen. Die Sterne eignen sich gut als festliche Beilage oder als warmer Snack.

Zutaten:

1 Butternuss-Kürbis,
2 große Erdäpfel,
2 EL Öl,
Salz,
Paprikapulver

Du brauchst:

Backrohr, Backpapier, Backblech, Rohschäler, Ausstechform (Stern), 45 Minuten

Kokossterne

Ab 9 Jahren

Zutaten:

500 ml Kokosmilch (oder Kuhmilch), 50 g Weizengrieß, 2–3 EL Kristallzucker, 1 Bio-Limette, Zimt, Fruchtmus

1. Schütte die Kokosmilch in einen Topf und erhitze sie. Sobald sie kocht, rühre mit dem Schneebesen Grieß und Zucker unter. Lass die Masse ca. 10 Minuten köcheln, rühre dabei oft um. Mische etwas abgeriebene Schale von der Limette dazu.

2. Belege ein Backblech mit Backpapier. Schütte das leicht überkühlte Grießkoch darauf und verstreiche es gleichmäßig (ca. 1,5 cm hoch). Lass es auskühlen, dabei wird es fest.

3. Stich aus der Grießmasse Sterne aus. Wenn du willst, kannst du sie mit gemahlenem Zimt bestreuen.

4. Verteile das Fruchtmus flach auf kleinen Tellern und setze die Sterne hinein. Besonders schön schaut es aus, wenn du dunkleres Mus (z. B. aus Mangos oder Himbeeren) mit weißen Sternen, helleres Mus (z. B. aus Äpfeln) mit dunklen Zimtsternen kombinierst.

Du brauchst:

Topf, Schneebesen, Backblech, Backpapier, Ausstechform (Stern), Reibe, 20 Minuten (+ Zeit zum Auskühlen)

Neujahrs-Schwammerl | Ab 7 Jahren

1. Bringe in einem Topf Wasser zum Kochen. Lege die Eier hinein und koche sie 8 Minuten. Gieße dann das Wasser weg, schrecke die Eier kalt ab und schäle sie.

2. Schneide die Kappen ab und hacke diese klein. Löffle vorsichtig die Dotter aus den Eiern, gib sie in eine Schüssel und zerdrücke sie mit einer Gabel. Rühre das gehackte Eiweiß, 1 EL Mayonnaise und je eine Prise Salz und Currypulver dazu.

3. Halbiere die Paradeiser und löffle ihr Fruchtfleisch heraus.

4. Fülle so viel Dottermischung in die Eier, dass sich ein Gupf bildet. Setze jeweils eine Paradeiserhälfte darauf. Tupfe mit der Mayonnaise Punkte auf die Schwammerln und stelle sie auf eine Kresse-Wiese.

Zutaten (pro Person):
1 Ei (m),
1 mittelgroßer Paradeiser,
Mayonnaise,
Currypulver,
Salz,
Kresse

Du brauchst:
1 Topf, 1 Schüssel,
30 Minuten

Was heißt „abschrecken"? Beim „Abschrecken" übergießt du soeben gegarte Lebensmittel mit möglichst kaltem Wasser, damit sie schnell abkühlen. Eier kannst du dann z. B. besser schälen.

Welchen Käse soll ich dafür nehmen? Das kannst du dir aussuchen: Milder Gouda wäre mir zu langweilig, herzhafter Emmentaler schon lieber, mit würzigem Bergkäse schmecken mir die Schnecken am besten.

Blätterteigschnecken | Ab 9 Jahren

1. Lass den Blätterteig auftauen und entrolle ihn dann vorsichtig. Schalte das Backrohr auf 200 °C.

2. Schneide Schinken und Käse in kleine Würfel und verteile sie gleichmäßig auf dem Teig.

3. Rolle den Teig zu einem festen Strudel und schneide diesen mit einem scharfen Messer in ca. 1–2 cm dicke Scheiben.

4. Lege die Scheiben mit ausreichend Abstand auf ein mit Backpapier belegtes Backblech und bestreiche sie mit verquirltem Ei. Backe die Schnecken, bis sie schön knusprig sind.

Zutaten:
1 Rolle Bio-Dinkel-Blätterteig (tk),
150 g gekochter Schinken,
150 g Schnittkäse,
1 Ei

Du brauchst:
Backrohr, Backpapier, Backblech, Pinsel, kleine Schüssel,
25 Minuten

Faschingscocktail | Ab 10 Jahren

1. Halbiere die Ananas und entsafte sie (du kannst aber auch fertig gepressten Ananassaft kaufen). Presse die Orangen und Grapefruits aus.

2. Miss je 6 cl Ananassaft, Orangensaft und Grapefruitsaft in einen Shaker. Füge 2 cl Grenadine dazu.

3. Gib außerdem 4 Eiswürfel in den Shaker, verschließe ihn und schüttle ihn kräftig. Zähle dabei bis 20.

4. Befülle ein Glas mit 3 frischen Eiswürfeln und gieße den Drink durch das Barsieb darauf. Stecke je ein Stück Ananas und eine Kirsche auf einen Spieß und garniere damit deinen Cocktail.

Zutaten:
1 Ananas, 2 Orangen, 2 Grapefruits, Grenadine (Sirup aus Granatäpfeln), Cocktailkirschen, Eiswürfel

Du brauchst:
Entsafter, Zitruspresse, Shaker, Barsieb, kleine Holz- oder Plastikspieße, 15 Minuten

Was ist ein Shaker, was ein Barsieb?

Ein Shaker ist ein Metallgefäß, in dem man Cocktails mischt. Es lässt sich ganz fest verschließen. Mit dem Barsieb kann man die Drinks dann abseihen. Falls du so etwas nicht zu Hause hast, kannst du auch eine gut verschließbare Flasche (mit breitem Hals) und ein „normales" kleines Sieb verwenden.

Kann ich das auch mit Weißbrot machen?

Du kannst grundsätzlich jede Art von Brot verwenden. Nur sehr dichtes, saftiges Vollkornbrot ist dafür nicht geeignet. Statt Olivenöl passt übrigens auch anderes, hochwertiges Pflanzenöl, z. B. Raps- oder Sonnenblumenöl.

Brotchips

Ab 9 Jahren

1. Schneide das Brot in ganz dünne (3–5 mm) Scheiben. Mit einer Maschine geht das am besten, aber pass dabei auf deine Finger auf.

2. Schalte das Backrohr auf 100 °C. Lege die Scheiben auf den Gitterrost.

3. Beträufle sie mit Olivenöl. Trockne sie mit Heißluft im Backrohr, bis sie schön knusprig sind.

4. Bestreue die Brotchips mit Salz und lass sie auskühlen. Du kannst sie einfach so knabbern oder auch in einen Aufstrich (z. B. in Liptauer) dippen.

Zutaten:
altes Schwarzbrot,
Olivenöl,
grobes Meersalz

Du brauchst:
Brotmesser oder Brotschneidemaschine, Backrohr, Gitterrost, 30 Minuten

Warum muss die Butter zimmerwarm sein? Warme Butter ist weich und lässt sich daher besser mit anderen Zutaten verrühren. Verwendest du sie zu kalt, hast du Butterbröckerln im Liptauer. Also: Etwas Geduld!

Tipp: Aus diesem Teig kannst du auch Pizza machen.

Liptauer

Ab 7 Jahren

1. Gib die Butter in eine Schüssel. Sobald sie zimmerwarm und weich ist, rühre sie mit einem Schneebesen glatt.

2. Rühre Topfen und Sauerrahm dazu.

3. Schäle die Schalotte. Schneide sie möglichst fein, ebenso die Gurkerln und die Kapern. Rühre alles unter und würze mit Paprikapulver, Salz sowie mit einer Prise gemahlenem Kümmel.

4. Du kannst den Liptauer sofort essen, wenn du ihn aber für ein paar Stunden im Kühlschrank stehen lässt, wird er noch besser. Am besten schmeckt er mit Brot oder Soletti.

Zutaten:
100 g Butter,
250 g Topfen,
2 EL Sauerrahm,
1–2 Essiggurkerl,
1 Schalotte,
1 EL Kapern,
2 TL Paprikapulver,
Salz,
gemahlener Kümmel

Du brauchst:
1 Schüssel,
Schneebesen,
15 Minuten

Knoblauchstangerl

Ab 10 Jahren

1. Schütte das Wasser in eine kleine Schüssel und rühre Hefe, ½ TL Salz und 3 EL Olivenöl ein.

2. Gieße die Hefe-Mischung zum Mehl und verrühre sie so lange, bis die ganze Flüssigkeit aufgenommen ist. Nimm den Teig aus der Schüssel und knete ihn ca. 5 Minuten fest durch.

3. Lege ihn dann in eine Schüssel, streue ein wenig Mehl darauf, decke ihn mit einem Geschirrtuch zu und lass ihn ca. 1 Stunde an einem warmen Ort aufgehen.

4. Schalte das Backrohr auf die heißeste Stufe. Schäle und presse den Knoblauch, verrühre ihn mit 3–4 EL Olivenöl. Knete den Teig nochmals durch, walke ihn aus und lege ihn auf ein mit Backpapier belegtes Backblech. Ritze ihn längs ein („Sollbruchstellen"). Bestreiche ihn mit dem Knoblauchöl und bestreue ihn mit Salz. Backe ihn ca. 10 Minuten.

Zutaten:
450 g glattes Mehl,
1 Packerl Trockenhefe,
250 ml lauwarmes Wasser,
Salz,
Olivenöl,
3 Knoblauchzehen

Du brauchst:
1 große und
1 kleine Schüssel,
Knoblauchpresse,
Backblech, Backpapier,
Backrohr,
1½ Stunden

Sushireis kochen | Ab 10 Jahren

1. Schütte den Reis in einen Topf, stelle diesen in die Spüle und lass vorsichtig Wasser hineinrinnen, bis es überläuft. Lass das Wasser weiter rinnen, nach ca. 2 Minuten müsste es klar aussehen – der Reis ist nun gewässert und gewaschen.

2. Gieße vorsichtig so viel Wasser ab, dass der Rest ca. einen halben Zentimeter über dem Reis steht.

3. Stelle den Topf auf den Herd und decke ihn zu. Sobald das Wasser kocht, reduziere die Hitze. Lass den Reis 15 Minuten köcheln. Schalte dann die Hitze ab und lass ihn weitere 5 Minuten zugedeckt quellen.

4. Vermische Essig, Salz und Zucker miteinander. Füll den fertigen Reis in eine Schüssel und rühre die Essigmischung mit einem großen Kochlöffel langsam unter. Ausgekühlt eignet sich dieser Reis hervorragend für Sushi und Maki.

Zutaten (für 8 Maki-Rollen):
400 g japanischer Klebreis oder Rundkornreis,
3 EL Reisessig,
1 EL Zucker,
1 TL Salz

Du brauchst:
1 Topf mit Deckel,
Schüssel,
30 Minuten

Maki | Ab 7 Jahren

1. Wasche und putze das Gemüse. Schneide es in ca. 1 cm dicke Stifte.

2. Halbiere die Noriblätter mit der Schere. Lege ein Blatt mit der glatten Oberfläche auf die Bambusmatte.

3. Lege einen Streifen Reis (ca. 2 cm breit und 0,5 cm hoch) auf den Anfang des Noriblattes. Wenn du willst, streiche eine Messerspitze Wasabipaste darauf. Lege das Gemüse in die Mitte der Reisfläche.

4. Bestreiche das Ende des Blattes mit Wasser und rolle es mit der Bambusmatte fest ein. Schneide die entstandene Rolle mit einem scharfen Messer ein paar Mal durch. Am besten schmecken Maki mit Sojasauce.

Zutaten:
400 g fertiger Sushi-Reis,
2 geröstete Noriblätter,
1 Minigurke,
½ Avocado,
½ roter Paprika,
Wasabipaste,
Sojasauce

Du brauchst:
Schere, Bambusmatte,
15 Minuten

Warum ist dieser Reis lila? Es gibt spezielle Reissorten, deren Körner roh fast ganz schwarz sind. Werden diese gemeinsam mit weißem Reis gekocht, färben sie diesen lila. Je mehr dunkle Körner in der Mischung sind, desto dunkler wird der Reis.

Lila Reis

Ab 10 Jahren

1. Stelle den Topf auf den Herd und zerlasse die Butter darin. Schütte den Reis zur Butter und schwitze ihn an. Rühre dabei ordentlich um. Der Reis bleibt dabei noch fast ganz weiß.

2. Gieße mit Wasser auf, gib eine Prise Salz dazu und rühre noch einmal um.

3. Decke den Topf zu. Sobald der Reis kocht, drehe die Hitze stark zurück. Lass ihn 10 Minuten zugedeckt köcheln, nimm ihn dann ganz vom Herd.

4. Lass den Reis noch ca. 10 Minuten zugedeckt ziehen. Jetzt hat der Reis seine lila Farbe bekommen. Er passt z. B. gut zu gebratenem Kürbis oder zu Fisch.

Zutaten:
1 Tasse lila Reis,
2 Tassen Wasser,
1 EL Butter,
Salz

Du brauchst:
1 kleiner Topf
mit Deckel,
25 Minuten

Hühnersuppe | Ab 8 Jahren

1. Fülle 2–3 Liter Wasser in einen großen Topf. Wasche die Hühnerflügerln gut ab und lege sie ins Wasser.

2. Schäle die Wurzeln mit dem Rohschäler. Wasche Sellerie, Lauch und Petersilie und gib alles in den Topf.

3. Füge Salz, Pfefferkörner und das Lorbeerblatt hinzu. Lass die Suppe mindestens 1 Stunde sanft köcheln. Gieße sie anschließend ab, hebe aber sowohl das Gemüse als auch die Suppe auf.

4. Schneide das Gemüse klein und gib es wieder in die Suppe. Die Flügerl kannst du abnagen.

Zutaten:
5–6 Bio-Hühnerflügerl,
1 Bund Suppengrün,
5 Pfefferkörner,
1 Lorbeerblatt,
Salz

Du brauchst:
Rohschäler, Topf,
1½ Stunden

Das Suppengrün ist ja gar nicht grün!

Nein, das nennt man nur so. Es ist ein Bund aus Karotten, gelben Rüben, Petersilienwurzeln, Sellerie, Lauch und Petersilie. Genau die richtige Mischung für eine gute Suppe.

Gebratene Ripperl | Ab 10 Jahren

1. Schalte das Backrohr auf 220 °C. Wasche die Ripperln und tupfe sie trocken.

2. Schäle den Knoblauch und presse ihn. Reibe die Ripperln großzügig mit Knoblauch, Salz, Pfeffer und gemahlenem Kümmel ein.

3. Schiebe ein mit Backpapier belegtes Blech in die unterste Schiene im Ofen. Lege die Ripperln mit der Unterseite nach oben auf einen Gitterrost und schiebe sie in die mittlere Schiene.

4. Wende die Ripperln nach 30 Minuten und brate sie weitere 20 Minuten, bis sie eine schöne, braune Farbe haben. Hole sie aus dem Ofen und lege sie auf ein Brett. Zerschneide sie in handliche Stücke. Ripperl isst man am besten mit den Fingern.

Zutaten:
2 Bögen Schweinsripperl (ca. 1,2 kg), Salz, Pfeffer, gemahlener Kümmel, 6 Knoblauchzehen

Du brauchst:
Knoblauchpresse, Backrohr, Backpapier, Backblech, Gitterrost, 1 Stunde

Wo bekomme ich Schweinsripperln her? Am besten bestellst du sie bei einem Fleischhauer in deiner Nähe vor. Und gut wäre es, wenn du biologisches Fleisch kaufst. Dann kannst du sicher sein, dass das Tier gesundes Futter und genug Auslauf bekommen hat.

Topfennockerl | Ab 9 Jahren

1. Öffne das Topfenpackerl und gieße die eventuell vorhandene Flüssigkeit weg. Gib den Topfen in eine Schüssel, verrühre ihn mit Ei, Mehl und einer Prise Salz.

2. Bringe ca. 1½ l Wasser in einem Topf zum Kochen. Forme mit zwei Suppenlöffeln Nockerln aus der Masse und lass sie vorsichtig ins Wasser gleiten. Schalte die Hitze zurück und lass die Nockerln ziehen, bis sie an die Oberfläche steigen.

3. Stelle eine Pfanne auf den Herd und zerlasse die Butter darin. Streue die Brösel ein, röste sie kurz durch und mische Zucker dazu.

4. Schöpfe die Nockerln aus dem Wasser, lege sie vorsichtig in die Bröseln und wälze sie darin. Topfennockerl schmecken besonders gut mit Apfelmus.

Zutaten:
250 g Topfen (20 %),
Salz,
1 Ei (m),
3 EL glattes Mehl,
40 g Butter,
100 g Semmelbrösel,
3 EL Kristallzucker

Du brauchst:
Schüssel, Topf,
Pfanne, Lochschöpfer,
30 Minuten

Woher nehme ich den Vanillepudding? Am besten machst du ihn selbst, und zwar aus 500 ml Milch, 1 Packerl Vanillepuddingpulver und 2–3 EL Zucker. Die Anleitung dazu findest du auf der Puddingpulverpackung. Er braucht allerdings einige Zeit zum Auskühlen. Wenn du es eilig hast, kannst du Vanillepudding auch fertig kaufen.

Cremeschnitten

Ab 8 Jahren

1. Schalte das Backrohr auf 200 °C. Lass den Blätterteig auftauen. Rolle ihn aus und schneide ihn in ca. 10 cm lange und 5 cm breite Rechtecke.

2. Lege die Teigstreifen auf ein mit Backpapier belegtes Blech und backe sie ca. 10 Minuten. Ziehe sie vorsichtig aus dem Ofen und lass sie auskühlen.

3. Verteile auf die Hälfte der Teigplatten den Pudding. Schlage das Obers steif und fülle es in einen Spritzsack. Verteile es auf dem Pudding.

4. Belege jede Cremeschnitte mit einer weiteren Blätterteigplatte, zuckere sie an und serviere sie sofort.

Zutaten:
1 Rolle Bio-Dinkel-Blätterteig (tk), 250 ml Schlagobers, 250 g Vanillepudding

Du brauchst:
Backpapier, Backblech, Backrohr, Spritzsack oder Spritzflasche, 30 Minuten

Arme Ritter | Ab 7 Jahren

1. Schneide den Striezel bzw. das Brot in 1–2 cm dicke Scheiben und entrinde sie.

2. Versprudle die Milch mit dem Ei. Stelle eine Pfanne auf den Herd und zerlasse bei milder Hitze 2–3 EL Butter darin.

3. Tauche die Brotscheiben komplett in die Eiermilch, lege sie in die Butter und backe sie auf beiden Seiten knusprig braun. Wenn nötig, gib noch etwas Butter in die Pfanne.

4. Hebe die Brotscheiben heraus, bestreue sie mit Zimt und Staubzucker. Solange sie warm sind, schmecken sie am besten – vor allem mit Apfel-, Weichsel- oder Marillenkompott.

Zutaten:
2–3 Scheiben altbackener Striezel oder Weißbrot, 7–8 EL Milch, 1 Ei (m), Staubzucker, Butter, Zimt

Du brauchst:
Schüssel, Pfanne, 15 Minuten

Warum heißt das „Arme Ritter"? Dieser schon sehr alte Begriff weist darauf hin, dass sich früher vor allem die reichen Menschen Fleisch leisten konnten. Arme haben wohl statt Schnitzel Brot herausgebacken.

Grießkoch mit Beeren

Ab 7 Jahren

1. Schütte die Milch in einen kleinen Topf und bringe sie zum Kochen.

2. Lass den Grieß in die heiße Milch rieseln und rühre dabei mit einem Schneebesen gut um.

3. Mische den Zucker dazu und lass das Ganze bei kleiner Hitze ca. 5 Minuten köcheln. Rühre ständig um. Dabei dickt es plötzlich ein.

4. Nimm das Grießkoch vom Herd und rühre die tiefgekühlten Beeren ein. Lass alles kurz ziehen. Grießkoch isst man am besten warm.

Zutaten:

250 ml Milch,
25 g Weizengrieß,
2–3 EL gemischte Beeren (tk),
1–2 EL Zucker

Du brauchst:

1 Topf, Schneebesen,
15 Minuten

Was ist Hafermark?

Hafer ist ein Getreide, dessen Samen in Form von ganzen Körnern, Flocken, Mehl oder Mark in der Küche verwendet werden. Hafermark besteht dabei aus sehr feinen Blättchen.

Warmer Frühstücksbrei

Ab 9 Jahren

1. Schütte Milch und Wasser in einen Topf und bringe sie zum Kochen.
2. Rühre das Hafermark ein und würze mit einer Prise Zimt. Lass das Ganze ca. 3 Minuten köcheln, rühre dabei immer wieder um.
3. Wasche den Apfel, trockne ihn ab. Rasple sein Fruchtfleisch mitsamt der Schale auf einer groben Reibe, sodass nur das Gehäuse übrig bleibt.
4. Rühre den Apfel sowie den Honig in den Brei. Am besten isst du ihn warm.

Zutaten:
3 EL Hafermark,
125 ml Sojamilch (oder Kuhmilch),
125 ml Wasser,
1–2 TL Honig,
1 kleiner Apfel,
Zimt

Du brauchst:
1 Topf, Reibe, Schüssel,
15 Minuten

Küchenhelfer

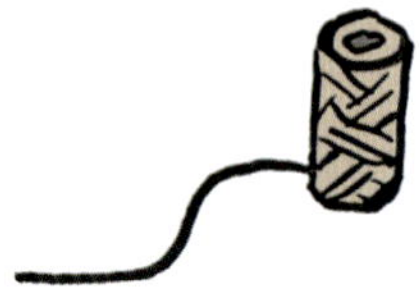

Alle diese praktischen Küchenhelfer verwendet Lilli bei ihren Rezepten (in diesem Buch). Wenn du sie findest, erfährst du ihre Bezeichnung und ihren Nutzen.

Kräuter und Gewürze

ROHR
ZUCKE
ZUCKE
STAUB
AHORN SIRUP
SÜSS
ESSIG
ESSIG
SAUER
FRISCH
CUR
ZIMT
PAPR
OREG
KÜM
GETROCKNET

Topfen, Paradeiser – was sind denn d

Österreichisch	Deutsch
Backrohr	Backofen
Biskotte	Löffelbiskuit
Bröckerl	Bröckchen, kleine Klumpen
Dotter, Eidotter	Eigelb
Eierschwammerl	Pfifferlinge
Eierspeis	Rührei
Erdäpfel	Kartoffel
Essiggurkerl	Essiggurken, Gewürzgurken
Faschiertes	Hackfleisch
Fleischlaberl	Frikadelle
Gugelhupf	Napfkuchen
Häuptelsalat	Kopfsalat
Hendl	Hähnchen
Holler	Holunder
Hühnerflügerl	Hähnchenflügel
Jungzwiebel	Lauch-, Frühlingszwiebel
Karotte	Möhre
Kohlsprossen	Rosenkohlröschen
Kornspitz	Vollkornbrötchen
Marille	Aprikose
Marmelade	Konfitüre
Melanzani	Aubergine
Mürbteig	Mürbeteig

Faschiertes für Sachen?

In Österreich sagt man zu manchen Lebensmitteln, Speisen oder Küchengeräten anders als in Deutschland.

Österreichisch	Deutsch
Nockerl	Klößchen
Nudelwalker	Nudelholz
Orange	Apfelsine
Packerl	Päckchen, Packung
Palatschinken	Pfannkuchen
Paradeiser	Tomate
Ribisel	Johannisbeere
Rote Rübe	Rote Beete
Sackerl	Tüte
Salzstangerl	längliches, mit Salz bestreutes Gebäck
Sauerrahm	saure Sahne, Schmand
Schlagobers, Obers	süße Sahne
Schweinsripperl	Rippchen vom Schwein
Semmel	Brötchen
Semmelbrösel	Paniermehl
Staubzucker	Puderzucker
Tiefkühler	Eisfach, Tiefkühltruhe
Topfen	Quark
Vogerlsalat	Feldsalat, Ackersalat, Rapunzel
Weckerl	Brötchen
Würstel	Würstchen
Zeller	Sellerie
Zwetschke	Pflaume

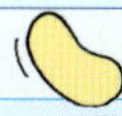

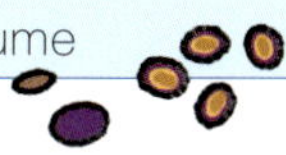

Register

Jedes Obst und Gemüse hat seine Jahreszeit.

Hier kannst du viel Spannendes
vom Pflanzen, Wachsen und Ernten erkunden:

CITY FARM
AUGARTEN
info@cityfarm.wien